LE DERNIER TRAPPEUR

A mon f fils chéri
Mamy nine

LE DERNIER TRAPPEUR

UN FILM PRODUIT PAR
Jean-Pierre Bailly

PHOTOGRAPHIES
Éric Travers, agence Gamma,
et Nicolas Vanier

TEXTES
Nicolas et Diane Vanier

ÉDITIONS DU CHÊNE

Sommaire

La rencontre

Un blizzard terrible soufflait sur les hauteurs des montagnes Rocheuses, que je traversais alors avec mes chiens. À la lueur de ma lampe frontale, j'avançais sur une piste tracée en motoneige par mes coéquipiers. La neige levée par le vent se mélangeait à celle qui retombait des crêtes, brassée par la tempête. Je n'y voyais rien, et les chiens clignaient des yeux, giflés par la bise. La piste commençait à disparaître. Même Voulk, mon chien de tête, pourtant expert en la matière, peinait à retrouver la trace que l'équipe lancée en avant de moi avait eu tant de mal à faire dans ce capharnaüm de montagnes, de ravines, de hauts plateaux et de vallées englacées. Depuis plus de vingt ans, personne n'était passé par là. Les rares à avoir tenté l'expérience, rencontrés avant de partir, parlaient d'obstacles infranchissables, d'éboulis et de glaciers impraticables, et nous commencions à douter de nos chances de passer. Deux locaux accompagnaient l'équipe : Bruce, un métis du dernier village avant le no man's land compris entre Ross River et le fleuve Mackenzie, et un trappeur nommé Norman, qui, d'un esprit aventureux, voulait tenter la traversée. Nous l'avions rencontré alors qu'il était venu se ravitailler à Ross River, où nous avions fait halte. Il semblait bien connaître le terrain, sa gueule de vieil ours des montagnes me plaisait, son regard aussi qui inspirait confiance.

« Nous repartons demain matin. Tu veux venir avec nous ?

– J'y serai. »

Le lendemain, il était là.

Je ne l'avais pas revu depuis, car l'équipe me précédait le plus possible afin de laisser à la piste le temps de geler. Sans cette trace, les chiens n'auraient pas pu avancer. Il m'aurait fallu marcher en raquettes devant eux. Or, je voulais tenter de traverser tout le Grand Nord canadien dans l'hiver, et pour ce faire, il fallait tenir une moyenne de près de 100 kilomètres par jour, d'où l'importance de la piste. Comme il n'en existait pas sur 90 % du parcours que je m'étais tracé, une équipe me précédait pour la faire. Aventure qui n'était pas pour déplaire à Norman, qui avait passé sa vie dans le bush mais qui ne connaissait pas cette partie des Rocheuses quasiment inexplorée. Les difficultés étaient telles que les motoneiges que je n'étais pas censé revoir de tout le voyage s'étaient enlisées dans les fonds de vallée, retournées dans les éboulis, avaient dérapé sur les glaciers, s'étaient enfoncées dans la slush, mélange de neige et d'eau qui se referme sur vous comme un piège. Une semaine plus tard, je les rattrapais déjà, car les chiens allaient plus vite et passaient mieux dans ce genre de terrain.

Cette nuit-là, Norman s'était proposé pour repartir en arrière chercher de l'essence qu'un avion, en automne, nous avait déposée en trois endroits le long de l'itinéraire prévu. L'équipe des motoneiges n'avait pas tout pris lorsqu'elle était passée au premier dépôt, elle pensait alors ne pas en avoir besoin : elle avançait bien, et la température n'avait pas encore chuté. À présent, il en était autrement. À – 40 °C, parfois – 50 °C certains matins, la consommation d'essence doublait, et le carburant commençait à manquer. Avec sa luge vide, Norman était donc reparti en arrière lorsque, pris lui aussi par le blizzard, il dut chercher un endroit pour s'abriter. Il se rappelait vaguement avoir dépassé une vieille cabane délabrée qui pouvait faire l'affaire et il la cherchait. Au même moment, la forme sombre de cette bicoque aux *logs* mal joints apparaissait dans le faisceau de ma lampe. Les chiens s'y dirigèrent d'emblée, et je les laissai se garer à l'arrière de la cabane, un peu protégés du vent qui soufflait de plus en plus fort. Il était temps que nous fassions halte, car, sur les hauts plateaux, rien n'arrête le blizzard, et la tempête s'en donnait à cœur joie. Contrairement à ce que j'avais pensé, je n'aurais pas eu le temps de rejoindre la vallée et les forêts protectrices qui se trouvaient, d'après mes cartes, à plus de trois heures de marche de là.

Je commençais à dételer et à ériger des murets protecteurs pour mes chiens lorsqu'un phare creva la nuit. Quelques minutes plus tard, j'aperçus, figé par la glace, le visage de Norman, heureux de me voir et de trouver la cabane.

Un petit poêle trônait à l'intérieur, et nous nous mîmes à la recherche de bois pour nous réchauffer : des traverses d'un pont depuis longtemps écroulé que nous sciâmes en bûches. Avec le vent, la température flirtait avec les – 60 °C. Nous regagnâmes vite la cabane, ou ce qu'il en restait, car, depuis cinquante ans qu'elle n'avait pas été utilisée, les grizzlis ne l'avaient pas arrangée. Ses troncs étaient disjoints, et la mousse qui en assurait l'étanchéité était partie, si bien que l'air et le vent passaient. Impossible d'augmenter la température de plus de quelques degrés. À – 50 °C, cela ne servait pas à grand-chose. Nous nous mîmes contre le poêle, sur lequel nous réussîmes à faire chauffer une soupe, et la conversation s'engagea. Nous avions la nuit devant nous, et ni lui ni moi n'avions envie de dormir dans nos sacs de couchage humides. Norman commença à me raconter sa vie dans le bush, ses longues années de trappe où il partait avec quelques chiens, une tente – seul ou avec sa compagne, une Indienne de Ross River. Il me raconta ses longues périodes de vie solitaire où il entretenait un dialogue muet avec la nature, son amour des paysages et des animaux sauvages, qu'il connaît mieux que quiconque. Il se sentait animal parmi les animaux, détenteur d'un art de vivre qu'il voyait disparaître. Il regrettait de ne pas pouvoir transmettre cela aux jeunes, qui fuient cette vie trop difficile et trop peu rentable depuis que le prix des fourrures a baissé. Il me parla de sa philosophie : l'adaptation de l'homme à ce qui l'entoure, que les gens des villes, de plus en plus coupés de la nature, ne comprennent pas. Il me raconta nombre d'anecdotes et d'histoires incroyables qui mettaient en valeur les animaux et les territoires qu'ils occupent. Il constata avec regret que, bientôt, cette race d'homme à laquelle il appartenait allait disparaître, avec un savoir-vivre dans la nature d'une richesse insoupçonnée. Je répliquai qu'il portait en lui un message d'avenir pour ce monde qui se cherchait après avoir tout bafoué et saccagé la nature, notre « mère nourricière » à tous. Il était temps qu'il livre ce qu'il avait à dire, et moi j'avais envie de donner la parole à un homme qui puisse exprimer en mots et en images tout ce que je ressentais : montrer au monde une terre féerique, les Rocheuses, l'immensité de ses paysages de montagne, la magie de ses lumières, la richesse de sa faune, l'incroyable pureté de la neige, de l'eau, l'étendue de ses forêts et alpages infinis. Tant de choses à montrer au travers d'un homme emblématique sachant y vivre dans le plus beau et le plus parfait des équilibres. Un homme ayant sa place dans la nature, celle qui lui revient et qui lui donne une âme. Un gardien qui sait le mal qu'on lui fait. Montrer la beauté pour donner envie de la protéger. La beauté et la profondeur du regard d'un homme qui sait que sa sagesse provient de cette relation si étroite avec la nature.

L'idée du film était née, et Norman l'acceptait pour témoigner avec moi, pour laisser une trace qui ne soit pas aussi éphémère que toutes celles que nous avons laissées dans les neiges des pays d'en haut.

Il ne restait plus qu'à réussir le pari insensé consistant à tourner dans des conditions extrêmes d'éloignement, de froid, d'humidité, d'enneigement, un film dans le contexte de la fiction, avec tout ce que cela implique de matériel, d'hommes et de moyens, les seuls qui soient à la mesure de ce que nous voulions montrer, en grand, en vrai.

Un dilemme, une gageure, un pari relevé et réussi par une équipe incroyablement gonflée…

Voici, en images, ce film qui respire de vérité.

La nature vous appelle…

Nicolas Vanier

l'été

Le trappeur, modèle d'avenir

L'homme est un animal parmi d'autres, doté de quelque chose d'unique et de formidable : l'intelligence, qu'il utilise si mal puisqu'il ne cesse de détruire la Terre sur laquelle il vit. Les scientifiques s'accordent à dire que l'espèce humaine ne survivra pas aux blessures qu'elle inflige à celle qui la fait vivre : cette si belle Terre partagée avec d'autres animaux qu'elle entraîne dans sa chute. Toutefois, si par sa faute des espèces disparaissent de façon irréversible, tout le monde s'accorde à dire que les animaux habiteront bientôt la Terre sans les hommes.

Pourtant, l'homme avait tout pour vivre heureux. C'était l'animal le plus haut placé sur l'échelle, censé contrôler en intervenant de façon intelligente et raisonnée. Il pourrait être tellement formidable...

Aujourd'hui, deux voies s'offrent à lui. Continuer à détruire en condamnant l'humanité du même coup ; c'est ce qu'il persiste à faire malgré les mises en garde de plus en plus nombreuses de ceux qui savent. Ou changer sa façon de vivre avec la nature.

Le trappeur comme le bûcheron est un modèle d'avenir, il montre ce que l'homme peut faire de mieux et comment y arriver. Certains disent : la nature se porte mieux sans nous. Certes, les mauvais bûcherons que sont ces entreprises forestières lucratives qui saccagent aveuglément nos forêts sont aussi destructeurs que ces chasseurs modernes du dimanche qui n'ont d'autre but que de s'amuser, de jouer avec des animaux qu'ils achètent à seule fin d'en avoir plus à tuer et qu'ils ne mangent même pas.

Pages 18-19
Le Grand Nord canadien : d'immenses territoires constellés de lacs et de rivières.

Double page précédente
L'été, en canoë, on peut pratiquement aller partout en « portageant » d'une rivière à une autre, d'un lac à l'autre.

Ci-contre
La rivière Lapie, une rivière qu'affectionne particulièrement Norman, et dont les eaux cristallines se frayent un chemin entre d'impressionnants abrupts rocheux.

PROTÉGER LA NATURE

De grâce, ne faisons pas la dramatique erreur de mettre tout le monde dans le même panier. C'est aller contre ce qui sauvera l'homme et la nature. La meilleure preuve, ce sont ces parcs créés au milieu du xxe siècle. Il s'agissait, quand on a commencé à s'apercevoir que l'homme ne pouvait indéfiniment prélever tout n'importe comment, d'imaginer et de créer des espaces protégés. Cela revenait à protéger la nature de l'homme : une aberration sous forme de constat. Puisque nous sommes définitivement incapables de vivre avec la nature, inventons des endroits où elle survivra sans nous ! Ces parcs ont permis de sauver des espèces animales, quelques fleurs, et d'éviter que de fabuleux paysages ne soient dénaturés par l'expansion de l'humanité, qui aime à « coloniser » et à « urbaniser » les endroits les plus féeriques de notre planète. Reste-t-il dans le monde beaucoup de plages de sable fin bordées de cocotiers qui ne soient pas absorbées par un complexe hôtelier ? Quid des beaux lacs dans leur écrin de montagnes, des forêts enchanteresses et des criques paradisiaques si l'homme ne s'empêche pas lui-même d'y toucher ?

Ci-contre
À condition qu'il n'y ait pas d'obstacles rocheux ni de hauts-fonds, les rapides se passent bien en canoë, surtout lorsque l'on connaît chaque remous, chaque vague.

Double page suivante
Sur les grands lacs, Norman longe une rive, plutôt que de traverser au milieu. Ainsi, assure-t-il sa sécurité en cas de brusque changement de temps tout en se donnant la chance d'observer des animaux.

Double page précédente
Lorsque le courant est trop fort et que les berges le permettent, le plus efficace est de cordeler.

Ci-dessus
Dans sa recherche de territoire, Norman doit franchir la ligne de partage des eaux entre une rivière et une autre. Seule solution : porter son matériel et son canoë en écorces de bouleau qui, une fois bien sec, ne pèse qu'une vingtaine de kilos.

Ci-dessus
Porté par le courant, on avance vite à travers le paysage, à condition que des zones de hauts-fonds, comme ici, n'obligent pas à mettre pied à terre pour « cordeler » ou porter le canoë.

AIDER LA NATURE

Mais ces parcs ont permis de mettre en lumière les limites de la non-intervention humaine, qui s'est soldée par la prolifération de certaines espèces animales. Il a fallu revoir le fonctionnement de ces parcs – l'inaction absolue de l'homme, qui s'est interdit d'y cueillir une fleur, d'y abattre un arbre ou d'y chasser un lièvre.

Pour protéger certaines espèces, rétablir un équilibre que l'on voulait naturel, il a fallu intervenir en introduisant des loups ici, des lynx là, embaucher des chasseurs professionnels pour réduire les populations malades d'animaux en surnombre qui détruisaient la flore des alpages, les forêts... L'homme a soudain compris qu'il avait un rôle à jouer, qu'il était capable de faire du bien à la nature. Quelle découverte ! Le trappeur le sait depuis longtemps, lui qui vit dans et avec la nature.

Ci-contre
Sur son territoire, Norman voyage presque toujours avec Nanook, le chef de sa petite meute de sept chiens. Nanook, outre la compagnie qu'il apporte, prévient de tous dangers et signale à son maître la présence d'animaux.

Au fil de l'eau

Les fleuves, lacs, rivières et marais constituent plus de la moitié des terres du Grand Nord canadien et, comme les Indiens, dont c'est le moyen de transport privilégié en été, Norman se sert du canoë pour ses déplacements. Les chevaux sont utilisés pour voyager en montagne, d'une vallée à une autre. Plutôt rapide et très silencieux, Norman se sert de son canoë pour sillonner son territoire en repérage de nouveaux endroits où poser ses pièges à la saison suivante, ou pour chasser l'élan, par exemple. Traditionnellement, les canoës sont réalisés à partir d'écorces de bouleau tendue sur une armature en bois de bouleau, de frêne ou de saule. Les Indiens qui vivaient le plus au nord, ne disposant pas d'arbres assez gros pour fournir les écorces requises, en fabriquaient avec des peaux d'élan ou de caribou cousues ensemble et rendues étanches par un mélange de graisse et de résine, mais ces embarcations étaient moins appréciées du fait de leur poids. Or une des qualités premières d'un canoë est sa légèreté, car, si l'essentiel des déplacements se fait sur l'eau, les portages d'un lac à un autre, d'un cours d'eau à un autre, sont fréquents. C'est pourquoi, à l'instar de certaines peuplades installées dans des zones marécageuses constellées de petits lacs, Norman préfère voyager avec un petit canoë léger d'une ou deux personnes qu'il peut facilement transporter sur son dos. C'est le canoë typique des trappeurs qui arpentent en tous sens leur territoire. En revanche, les peuplades qui vivent au bord de grands fleuves tels le Yukon ou le Mackenzie penchent pour de plus grands canoës, de quatre à douze places, permettant de transporter jusqu'à 2 tonnes de marchandises en plus des passagers.

Ci-contre
Parfois, l'eau n'est pas le plus court chemin pour aller d'un point à un autre, mais, même si une rivière s'enroule et se déroule indéfiniment dans le paysage, on ne gagne pas de temps à vouloir quitter l'eau en portant, même sur de très courtes distances.

Double page suivante
Ce type de paysage, ouvert et varié, où alternent forêt, marais et alpages, est particulièrement giboyeux et donc apprécié des trappeurs.

“ Je suis né et j'ai grandi dans ces vallées.
Ça fait plus de cinquante ans que
je respire cet air-là et que je me régale de cette lumière,
et je ne m'imagine pas vivre ailleurs qu'ici.
Ces vallées sauvages des Rocheuses,
c'est chez moi. J'y trouve tout ce que j'aime,
tout ce dont j'ai besoin. ”

NAVIGUER SEUL... OU À PLUSIEURS

La conduite d'un petit canoë n'est pas aisée, car sa légèreté confère à l'embarcation un équilibre instable. Le chargement doit être soigneusement effectué, et les prises de pagaie faites avec beaucoup de précision. Dans les rapides, Norman se tient à genoux, de façon à bien se caler dans l'embarcation tout en jouant de son poids pour influer sur le centre de gravité et aborder certains passages comme il convient. Le canoë, souple, étanche et effilé, devient alors une seconde peau. Nanook, le compagnon fidèle de Norman, l'accompagne dans tous ses périples, quel que soit le moyen de transport. Les chiens s'habituent vite à voyager sans bouger pour ne pas déstabiliser l'embarcation. Ils apprennent à y monter et à en descendre sans donner d'à-coups. Ils aiment voyager au fil de l'eau et peuvent rester des heures à observer le paysage qui défile, à la recherche de mouvements trahissant des animaux dont les odeurs leur arrivent, portées par l'eau. Nanook se révèle aussi utile pour appréhender un danger : un grizzli en train de pêcher au milieu d'une rivière ou une femelle avec ses petits sur la berge. Il peut également repérer un gibier ou aider à retrouver un animal blessé.

Les Indiens avaient pour habitude de voyager en famille et avec leurs chiens. Lors des nombreux portages, les hommes attachaient une courroie aux lattes de bois du canoë et se la passaient autour du front. Les membres de la famille se chargeaient du matériel, tout comme les chiens, qui portaient deux sacs de bât d'une dizaine de kilos chacun. On trouve encore aujourd'hui, bien qu'ils tendent à disparaître, les vestiges d'anciens sentiers de portage que les Indiens utilisaient.

Ci-contre
L'été, lorsque toutes les neiges ont fondu et avant les pluies d'automne, le niveau des eaux est bas et oblige le voyageur en canoë à slalomer entre les cailloux.

Double page suivante
Pendant que le traîneau sèche, Norman profite de ces quelques moments de répit pour pêcher des truites de lac qui assureront le dîner.

UNE TECHNIQUE TRÈS AU POINT

Pour trouver les grandes écorces nécessaires à la fabrication des canoës, certaines tribus indiennes n'hésitaient pas à entreprendre de longs voyages, souvent vers le sud. Ce matériau servait aussi de monnaie d'échange avec les peuplades du Nord qui n'en avaient pas.
Les différents morceaux étaient cousus ensemble avec du fil fabriqué à partir de fibres de racines, et l'étanchéité était assurée grâce à une pâte faite de résine de conifère bouillie avec de la graisse dont on enduisait les jointures. Cette résine était prélevée à même l'arbre, soit là où des

Ci-dessus à gauche
Pour passer d'un cours d'eau à un autre, une seule possibilité : le portage. Un voyage pour le canoë et deux ou trois pour la nourriture et le matériel, dont une partie peut être bâtée sur le dos du chien.

Ci-dessus à droite
Avant de portager un canoë en écorce de bouleau dont le bois est imprégné d'eau, il faut le faire sécher quelques heures pour gagner en légèreté, le poids étant l'ennemi numéro un du voyageur.

blessures naturelles en laissaient échapper, soit à partir d'entailles faites à cette fin dans de gros arbres en bonne santé qui pouvaient se permettre ces petites « prises de sang ».

Le canoë de Norman, outre son extrême légèreté, offre ainsi l'immense avantage de pouvoir être réparé pratiquement n'importe où, car, même si de gros spécimens ne poussent pas partout, il se trouve toujours quelques bouquets de bouleaux sur lesquels il peut prendre suffisamment d'écorce pour réparer, et il en va de même pour la résine de conifère.

Ci-dessus
Pour fabriquer un canoë en écorces de bouleau, on utilise plusieurs morceaux cousus ensemble avec de la fibre de racine de saule et rendus étanches avec un mélange de résine de pin fondue au feu mêlée à de la graisse de castor. Ainsi conçu, le canoë est réparable n'importe où.

Ci-dessus
Le poisson revient souvent dans le menu du trappeur et de ses chiens. Mais pas question de poser le filet n'importe où. Il faut connaître ou deviner les endroits où les poissons se déplacent beaucoup, à la recherche d'insectes et de larves.

Double page précédente
En été, de nombreuses espèces de saumons remontent les rivières pour frayer. Les ours viennent pêcher, et l'on en rencontre fréquemment qui lèvent à peine la tête, et encore d'une façon très condescendante, lorsque l'on passe à bonne distance.

Ci-dessus
Nebraska, Indienne nahanni, partage dans le film la vie de Norman depuis quinze ans. Elle aime, tout comme lui, cette vie simple et harmonieuse au milieu des paysages féeriques de leur territoire de trappe.

LA PLACE DE L'HOMME

Pour un grand nombre de citadins, totalement coupés de ce qu'est la réalité de la nature, le trappeur est un homme qui tue des animaux. Il y aurait donc une densité plus forte d'animaux sur un territoire non exploité par un trappeur. C'est bien entendu totalement faux.

Une forêt exploitée, à la condition bien sûr qu'elle le soit avec intelligence, produira plus d'arbres qu'une forêt où l'homme n'interviendra pas, avec une qualité de bois bien supérieure. Le bûcheron (on ne parle pas ici des grosses compagnies forestières qui dénaturent les forêts et effectuent des coupes à blanc) élimine les vieux arbres ou les arbres en surnombre afin que d'autres puissent profiter pleinement de la place qui leur est ainsi faite pour se développer. Avant qu'ils ne dégénèrent, il coupera aussi les arbres arrivés à maturité en prenant soin de laisser assez d'adultes pour assurer une bonne régénération.

L'homme occupe ici parfaitement sa place. Il profite d'une quantité de bois qui va lui servir pour une quantité de choses, et la forêt profite de son intervention raisonnée et réfléchie. C'est un échange de bons procédés. Le trappeur agit sur un territoire de la même façon. Grâce à son intervention de prédateur intelligent, il va dynamiser les populations d'animaux. Ceux-ci vont se mettre à produire plus, car la nature a horreur du vide, et les animaux seront plus sains et en meilleure santé. Cette part est celle qui revient à l'homme qui, quoi que l'on en dise et quoi que l'on fasse, appartient à la nature et y a sa place. Certes la nature peut se débrouiller sans l'homme, mais ils y perdent tous les deux. Dès lors, pourquoi créer un monde artificiel avec la nature d'un côté et l'homme de l'autre, alors qu'ils pourraient si bien vivre ensemble ?

Ci-contre
Autour de la cabane, le travail ne manque pas, été comme hiver. Durant les quelques semaines où la nature laisse pousser toutes sortes de végétaux comestibles, Nebraska consacre beaucoup de temps et d'énergie à la cueillette des baies, des champignons et autres légumineuses sauvages qu'elle fait sécher ou prépare en confiture afin d'en garder des provisions pour la saison froide.

“Nebraska est ma compagne depuis quinze ans

et elle est aussi heureuse que moi de cette vie.

Tous les deux, on est en parfaite harmonie

avec cette nature sauvage,

ce monde tellement pur, que d'autres jugent hostiles.”

FEMMES DE TRAPPEUR

Cette philosophie de l'adaptation de l'homme à la nature est ce qu'il y a de plus beau dans la façon qu'avaient de vivre ces hommes du Grand Nord (Indiens, Inuits, trappeurs). Une vie certes en parfait équilibre avec la nature, mais au quotidien souvent difficile. Depuis toujours d'ailleurs, les trappeurs ont eu une forte tendance à prendre pour compagnes des femmes amérindiennes ou inuites, tant il est vrai que peu de femmes blanches arrivent à supporter cette vie isolée en forêt, requérant une expérience que souvent seules les autochtones possèdent. Norman ne fait pas exception, qui a été marié deux fois à des Indiennes crees et une fois à une Inuite d'Inuvik. Néanmoins, les femmes accompagnent rarement les hommes sur leur ligne de trappe, à l'exception des Inuites qui autrefois voyageaient avec leur époux où qu'il aille, car elles participaient de façon active à tout ce qu'il faisait. Elles gardaient l'igloo, qu'elles aidaient à fabriquer, soignaient les chiens, préparaient les peaux et les repas, paquetaient et réparaient tout ce qui en avait besoin, reprisant, cousant, tannant et assouplissant les cuirs. Aujourd'hui, très rares sont les femmes qui accompagnent les quelques trappeurs sur leur ligne de trappe. Généralement, elles vivent dans le village le plus proche, où la famille demeure. Le trappeur s'en va seul sur sa ligne de trappe aussitôt que la neige et le froid rendent les déplacements possibles. Beaucoup s'accordent une pause au moment des fêtes de fin d'année et rentrent au village. Ils en profitent pour rapporter les peaux qu'ils ont collectées durant cette première partie de l'hiver, souvent la meilleure, et rachètent des provisions et tout ce qui leur manque pour tenir jusqu'au printemps. La femme s'occupe de préparer les peaux et souvent de les vendre. C'est elle qui tient les cordons de la bourse, et l'homme doit souvent négocier avec elle ce qu'il peut acheter ou non.

Double page précédente
À la fin de l'été, c'est l'époque bénie des déplacements en canoë. Finies les grosses chaleurs ! Norman et Nebraska partent explorer leur nouveau territoire.

Ci-contre
Nebraska travaille le cuir d'élan qu'elle a préalablement tanné et fumé à l'ancienne. Elle fabrique ici une paire de mocassins dont Norman et elle se chaussent en hiver, notamment pour marcher en raquettes.

Ci-dessus
Norman aime les loutres. Il peut passer des heures à les observer jouer et pêcher. Il n'en a jamais trappé une seule. C'est son animal fétiche, « sa faiblesse », dit-il.

Ci-dessus
Certaines loutres sont très joueuses et, curieuses, n'hésitent pas à approcher l'homme, qui peut alors les observer à loisir de très près.

CHASSE, PÊCHE, CUEILLETTE

Dans les montagnes Rocheuses, où Norman a sa ligne de trappe, on trouve une faune très variée, car toutes sortes d'animaux de montagne vivent en altitude : le mouflon blanc d'Alaska, le mouflon des rochers, le mouflon à grandes cornes ainsi que la chèvre des Rocheuses.

On voit aussi quelques populations de cerfs mulets, un petit animal très gracieux qui, en été, n'hésite pas à grimper sur les plus hautes crêtes, tout comme son cousin bien plus imposant que lui, le grand cerf des montagnes Rocheuses, ou wapiti. On peut rencontrer ici et là un prédateur typique des zones de montagne, le puma, mais il reste rare.

En automne, les trappeurs chassent à l'occasion ces animaux afin de varier leur quotidien, composé essentiellement de viande de caribou et d'élan, surtout d'élan l'hiver : jusqu'à quatre cents kilos de viande en une chasse !

Mais les trappeurs, comme la majorité des peuples du Nord, se nourrissent beaucoup de poissons, de lièvres et de perdrix de toutes sortes : perdrix des neiges, tétras et gélinottes. Ils consomment aussi beaucoup de viande de castor et de lynx. La viande des autres animaux à fourrure, martres, wolvérines, loups et pékans, n'est pas consommable pour l'homme et, une fois gelée, sert de nourriture pour les chiens ou d'appât.

Ci-contre
Dans la nature, l'homme développe un sens aigu de l'observation. Il sait où chercher une espèce et repère de très loin le moindre petit point qui évoque tel ou tel animal, là où le profane ne voit désespérément rien

Double page suivante
C'est toujours autour du feu, en buvant une tasse de thé ou de café, qu'ont lieu les discussions et que Norman et Nebraska organisent les choses, élaborent les projets, plaisantent...

“ Ça devient de plus en plus difficile de trouver des animaux à fourrure ici,

et en plus, les peaux se vendent de moins en moins cher. Je ne m'en sors plus.

J'ai décidé d'aller explorer une autre vallée.

Ça ne va pas être facile : c'est des coins que je ne connais pas et ça peut être dangereux,

surtout qu'on est vraiment pressés. L'automne arrive,

et il faut qu'on ait trouvé un territoire avant l'hiver, sinon ma saison sera foutue. ”

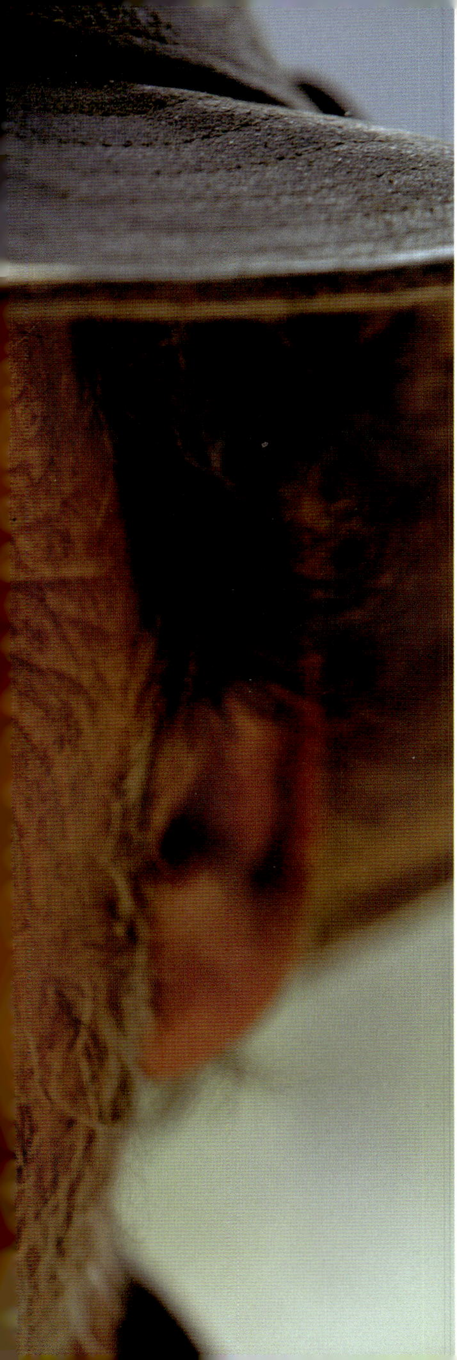

LA NATURE N'EST PAS INGRATE

L'ours noir, présent un peu partout et en grand nombre, possède une viande succulente, très fruitée et tendre. Il en est tout autrement du grizzli, dont la chair est imprégnée de l'odeur des cadavres qu'il dévore. Même chose plus au nord avec les ours polaires, dont la viande, trop riche en vitamine A, n'est pas consommée par les Inuits.

Quantité de petits animaux, comme les écureuils, les geais arctiques, les bruants des neiges, accompagnent la vie des coureurs des bois. Cette liste s'élargit considérablement en été, avec toutes sortes de huards, de grèbes, de cygnes sauvages, d'oies et une multitude de canards, de vautours, d'éperviers, de faucons, de buses et d'aigles, dont le fameux pygargue à tête blanche. Dans les marais, c'est une explosion de vie avec tous les pluviers, courlis, barges, bécasseaux, chevaliers, mouettes et sternes.

Le coureur des bois se nourrit de cette providence, ramassant ici et là des œufs avec lesquels il confectionne des omelettes ainsi que des baniques (une sorte de pain très riche en graisse cuit à la poêle) en tout genre, dans lesquelles il ajoute des baies variées : des myrtilles, des groseilles, des framboises sauvages. Dans le Grand Nord comme partout ailleurs, la nature n'est pas ingrate.

Ci-contre
Les Indiens disent que les paysages que l'on traverse taillent le visage et que la beauté de ce que vous y avez vu se lit dans vos yeux...

Double page suivante
Les clairières herbeuses de ce type sont rares et très prisées par les animaux, notamment les cerfs wapitis, de plus en plus présents dans le Yukon, à cause de l'élévation des températures due au réchaufffement climatique.

Le grizzli

Le grizzli, contrairement à l'ours polaire, n'attaque pas l'homme. Il se défend. Le nombre d'accidents – une douzaine par an – le prouve. L'ourse protège ses petits si l'homme s'en approche trop. Par ailleurs, il arrive assez fréquemment que la femelle s'éloigne un peu de ses oursons assoupis pour vaquer à ses occupations : pêcher, manger des myrtilles ou « billebauder » aux alentours. Si des hommes passent, et surtout s'ils ont le malheur de se trouver entre la mère et les petits, l'attaque est inévitable. Les ours, mâles ou femelles, défendent aussi leur nourriture ou ce qu'ils considèrent comme telle. Il peut s'agir de vivres apportés par un homme, c'est pourquoi une extrême vigilance est recommandée à ceux qui partent camper sur des territoires à ours. Ils doivent absolument mettre la nourriture hors de portée.
La surprise enfin : un grizzli prévenu de l'arrivée d'un être humain va fuir comme le ferait n'importe quel animal sauvage, et même davantage qu'un autre, car il n'aime pas l'homme. Mais il peut arriver qu'un ours assoupi ou déambulant dans un endroit très fourré se retrouve acculé par un homme, ce qui déclenche l'attaque.
Dans cette situation, l'ours commence par se dresser sur ses pattes pour prendre le temps d'évaluer la situation et impressionner son adversaire. L'initié saura vite s'il s'agit d'une simple tentative d'intimidation ou d'une position qui précède une attaque.

Ci-contre
Si Norman a dû plusieurs fois dans sa vie faire face à un ours, cet animal reste imprévisible et chaque rencontre est unique. L'homme, avec beaucoup de sang-froid, devra apprécier la situation et ne surtout pas se laisser déborder par la soudaineté de l'apparition du plantigrade.

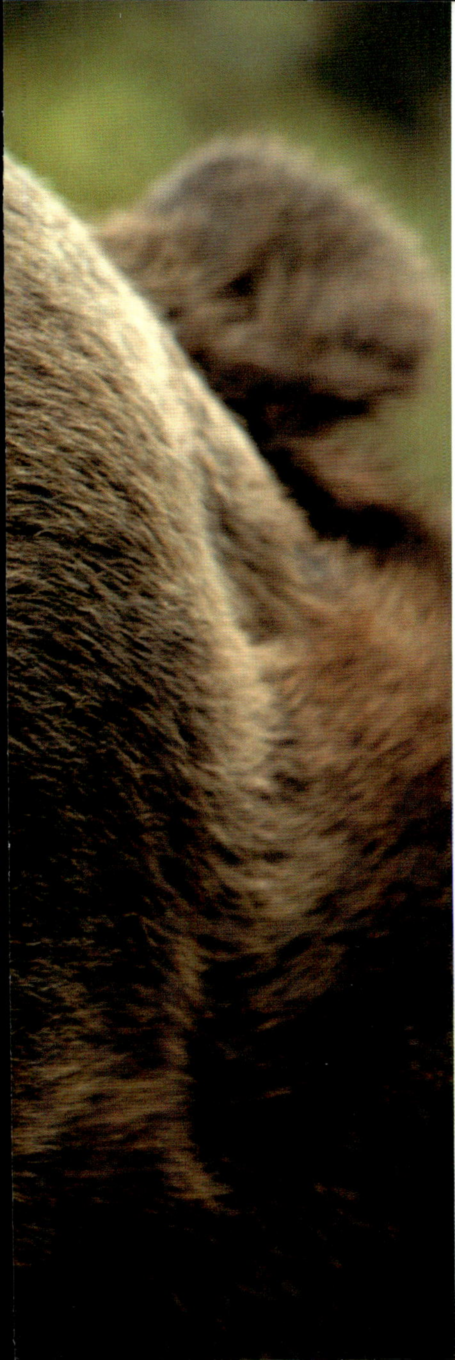

NE PAS BOUGER D'UN POIL

Quelle que soit la conviction de l'homme, il ne doit pas bouger d'un poil. Surtout ne pas fuir. L'instinct de chasseur de l'ours le pousserait à poursuivre ce qu'il prendrait pour une proie. Il faut faire face, ne pas quitter l'ours des yeux, lui dégager une voie de sortie si l'endroit où l'on se trouve est la seule issue par laquelle il peut s'enfuir.

Plus la période d'observation et d'évaluation est longue, moins grands sont les risques d'être chargé. L'ours attaque rarement, sauf s'il est dans l'impossibilité de fuir. Un de mes amis s'est retrouvé coincé dans un étroit goulet au fond duquel il y avait un grizzli : même dans ce cas-là l'ours a choisi la fuite, bousculant mon ami plutôt que d'attaquer.

Pour réaliser cette scène d'un grizzli et de Norman se trouvant brusquement face à face dans une forêt, nous avons évidemment fait appel à un animal dressé. Il nous aurait sinon fallu suivre Norman pendant cent ans pour espérer fixer cette image sur la pellicule !

Ci-contre
Un grizzli est impressionnant par sa taille et sa masse. Quand il se met à grogner toutes dents dehors, le sang quitte votre visage. Il faut absolument rester imperturbable et attendre que cette phase d'intimidation se termine.

DE L'INTIMIDATION À LA FUITE

L'ours pèse 800 kilos et, debout, mesure plus de 3 mètres. Impressionnant ! Parfaitement dressé, il nous a permis de recréer fidèlement ce que Norman m'avait raconté.

Il était sur son territoire de trappe, non loin de sa cabane, et se rendait dans un endroit où des bouleaux poussaient haut et droit pour y prélever de belles écorces. À mi-chemin, dans une zone de forêt de grands épicéas, il s'est trouvé nez à nez avec un très gros grizzli de mauvaise humeur. Celui-ci s'est immédiatement dressé en grognant de mécontentement. Qui était ce ridicule petit bonhomme venu le déranger sur son territoire ? Norman n'a pas bougé et a fait face. Le grizzli restait dressé, furieux. Puis il a commencé à regarder à droite et à gauche par où il pouvait bien partir, puisqu'il descendait le sentier d'animaux que Norman suivait pour monter. À cet instant, Norman a compris que le grizzli ne chargerait pas et, sans savoir pourquoi, il s'est mis à lancer un grand « ouuuh ! ». Le grizzli a sursauté et a déguerpi. Ce bonhomme était décidément bizarre et il valait mieux s'en aller.

Ci-contre
Surtout, donc, ne pas bouger, attendre… Laisser passer l'orage… Neuf fois sur dix, à la fin de cette colère passagère, l'ours, assuré de sa supériorité, n'engagera pas une bagarre inutile et s'en ira.

Ci-dessus
Quand un chien ne sent pas l'ours avant de le voir, comme l'homme, son instinct lui dicte de ne pas provoquer l'animal. S'il percevait une menace directe pour Norman ou pour lui-même, Nanook tenterait de faire dévier la charge du grizzli.

Ci-dessus
Après cette alerte, Norman souffle un peu. Il a pris soin de sortir la carabine qui le rassure, mais ne constitue pas pour autant un moyen imparable de se défendre, car même blessé à mort, un grizzli peut poursuivre sa charge.

Double page suivante
Des dizaines de milliers d'hectares sans âme qui vive autre que des animaux sauvages, avec lesquels Norman entretient une relation très forte, faite de respect et d'échange.

La cabane

En général, les trappeurs disposent d'une cabane principale au centre de leur territoire. Ils la construisent au bord d'un lac ou d'une rivière, qui fournit à la fois eau et bon appoint en nourriture grâce aux poissons, aux canards et aux oies en été et en automne. La cabane est bâtie dans un lieu où les arbres ont une taille adéquate pour sa fabrication. Ce genre de conifères ne pousse pas trop haut en altitude. On choisit des spécimens ayant une décroissance la plus faible possible, et dont le diamètre varie entre 20 et 40 centimètres. Ce qui détermine la grosseur des troncs utilisés est le moyen dont on dispose pour les transporter jusqu'à l'emplacement de la cabane. Un homme seul choisira des arbres légers, l'inconvénient étant qu'il devra en superposer davantage pour obtenir des murs de la hauteur souhaitée et que le travail à effectuer pour qu'ils s'ajustent parfaitement sera plus important. Comme il s'agit du travail le plus long, le temps de construction s'allongera considérablement. L'idéal est de disposer d'un cheval pour traîner les *logs*. On peut alors monter un mur de 2,50 mètres avec une petite dizaine de *logs* d'une belle grosseur.

Le premier travail consiste donc, autour de l'emplacement choisi, à déterminer les arbres que l'on va utiliser, en les marquant si nécessaire. On les choisit le plus droits possible, avec peu de branches sur le maximum de hauteur. Certaines zones d'une forêt, au sol pauvre, produisent des arbres de piètre qualité, alors qu'un peu plus loin de hauts arbres profitent d'un sol plus riche. Un œil avisé repère vite ces endroits. Les arbres sont coupés au fur et à mesure et écorcés sur place de manière à bien glisser sur le sol. C'est encore plus important quand les chevaux assurent le transport des *logs* ; comme ils ont tendance à forcer s'ils rencontrent un obstacle, cela leur évite les à-coups dans les reins.

Double page précédente
L'automne habille le Yukon d'or durant quelques jours. Les premières feuilles à jaunir puis à tomber sont celles des aulnes et des saules.

Ci-contre
Obligé de quitter son territoire où des compagnies d'exploitation forestière ont coupé des centaines d'hectares, Norman a enfin trouvé, plus loin, un endroit tranquille. Nebraska et lui vont construire leur nouvelle cabane. Il faut se hâter, dans quelques semaines, l'hiver sera là.

APPRENDRE À TRANSPORTER

Si les arbres sont coupés pendant la première partie de l'été, l'écorçage se fait facilement, car la sève qui coule entre le tronc et l'écorce crée une sorte de vide. L'écorce s'enlève alors comme une peau. Plus tard, quand la montée de sève s'achève, des résidus de cette substance sèchent en collant l'écorce au tronc. Il faut alors écorcer à l'aide d'un outil tenu à deux mains que l'on ramène vers soi. C'est ce que Norman et Nebaska ont dû faire car, ayant perdu une partie de l'été à chercher un territoire, ils ont commencé leur cabane au milieu du mois de juillet, date à laquelle la sève cesse de monter.

Il faut un peu de temps pour dresser un cheval non habitué à traîner des arbres, car au début l'animal prend peur. Il ne se rend pas compte qu'il tire lui-même l'arbre qui le poursuit, et que ce n'est pas en accélérant qu'il réduira la distance entre lui et ce qu'il considère comme une menace. Il ne faut pas oublier que la seule défense du cheval contre ses prédateurs est la fuite. Il convient donc d'agir progressivement, tout le dressage consistant à rassurer l'animal. On commence par lui faire tirer de petits *logs* attachés avec une bonne longueur de corde, puis on augmente le poids des arbres tout en réduisant la longueur de corde. Avec un cheval bien dans sa peau, ce dressage peut être effectué en quelques jours, voire en quelques heures. La corde peut être fixée à une selle de bât ou à une selle simple bien sanglée, mais ce n'est pas l'idéal. Un harnachement conçu pour ce travail et ajusté avec un collier de cuir rembourré répartira mieux le poids sur les épaules.

Double page précédente
Les troncs pèsent entre 100 et 200 kilos et doivent être transportés depuis assez loin, car on ne trouve pas toujours les bons arbres aux environs immédiats de la cabane. L'eau, qui porte l'arbre, permet d'économiser les forces du cheval.

Ci-contre
La construction d'une cabane de ce type demande des journées de 14 heures de travail, durant lesquelles il faut bien s'accorder quelques pauses qui font office de réunions de chantier.

Ci-dessus
Aussitôt les arbres coupés à la hache par Norman, Nebraska et lui enlèvent l'écorce au moyen d'un outil spécial. Plus l'opération est faite rapidement après la coupe, plus l'écorce est facile à décoller.

Ci-dessus et double page suivante
Il vaut mieux commencer à élever les murs lorsque l'on dispose d'une quantité de troncs suffisante pour pouvoir choisir lequel superposer au précédent afin de prendre ceux qui se marient le mieux.

LE TRAVAIL D'UN LOG

L'abattage d'un arbre prend dix minutes, son écorçage environ trente et le transport de trente minutes à une heure. Faire une encoche demande peu de temps, mais l'ajustage d'un « log » pour qu'il s'encastre parfaitement dans celui du dessous représente un gros travail. Il faut commencer par dégrossir le rondin, puis le déposer, prendre des marques, creuser encore, retirer le « log », le retailler, le remettre, et cela dix à quinze fois pour chacun. Le tout prend une bonne heure, et le colmatage avec de la mousse encore une bonne demi-heure. Norman

Ci-dessus
Une sorte de gouttière est creusée dans le tronc afin qu'il s'ajuste parfaitement à celui qui le reçoit. On place de la mousse avant l'ajustement pour assurer un calfeutrage parfait. Ainsi isolé, et par – 50 °C dehors, on peut faire monter la température jusqu'au niveau souhaité dans la cabane.

a calculé qu'un « log » posé leur coûte, à Nebraska et à lui, quatre heures de travail. Il faut donc environ quinze jours pour en poser quarante-huit, douze par mur. Ensuite, en deux semaines, il pense pouvoir construire la charpente du toit et tailler les ouvertures : une porte et trois fenêtres. Avec une dizaine de jours pour les aménagements intérieurs, l'opération demande cinq ou six semaines de travail. Enfin, Norman n'est pas aux trente-cinq heures, et le dimanche est un jour comme les autres !

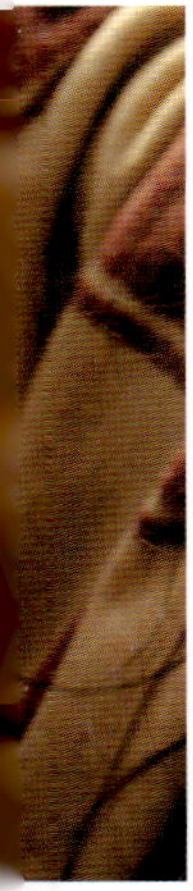

Ci-dessus
Pour creuser les gouttières, on se sert d'un compas spécial à deux bulles. Il permet de tracer très exactement, et de chaque côté du tronc, la forme que devra avoir l'encoche afin que les *logs* s'ajustent parfaitement. Ici, l'enchevêtrement des troncs est idéal et ne laisse pas passer le moindre filet d'air.

Double page précédente
Les grandes scies à main qu'utilise Norman, qui ne nécessitent pas d'essence, sont extrêmement efficaces lorsqu'elles sont bien aiguisées. Un tronc comme celui-ci est scié en moins d'une minute.

Ci-dessus
Nebraska apprécie d'avoir Nanook avec elle quand elle s'aventure assez loin pour ramasser les baies dont raffolent aussi les ours.
S'il s'en trouvait un dans les parages, elle serait prévenue par le flair de son compagnon.

Ci-dessus
L'été indien est une explosion de couleurs qui changent chaque heure en fonction de la luminosité et chaque jour, car l'évolution est très rapide.

LE MONTAGE

Une fois rapporté à l'emplacement de la cabane, le *log* est monté sur le mur en cours de construction à la main ou au moyen d'un palan. Il est placé parallèlement au-dessus de celui qui doit le recevoir. À l'aide d'un compas à deux bulles spécialement conçu pour cet usage, on trace de part et d'autre du *log*, sur toute sa longueur, un trait au crayon qui va lui faire épouser très exactement la forme de celui du dessous. En suivant ces deux traits, on creuse ensuite une sorte de gouttière à l'aide d'un outil spécial. Cela fait, il ne reste plus qu'à combler cet interstice avec un peu de mousse et à laisser le *log* s'ajuster sur le précédent. Les encoches de coin sont réalisées exactement selon le même principe.

Les ouvertures sont généralement faites lorsque les quatre murs sont montés. C'est plus simple, même si cela consomme un peu plus de bois au départ. Celui-ci sera de toute manière réutilisé pour les meubles et autres installations intérieures. La largeur de la porte dépend souvent de ce qu'il sera nécessaire de faire entrer dans la cabane en hiver pour bricoler au chaud. Auparavant, c'était la largeur d'un traîneau. À présent, c'est la taille de la motoneige qui la détermine ; la dimension de l'ouverture a donc tendance à augmenter.

Autrefois, la fenêtre était unique et réduite à sa plus simple expression, car c'était du boyau ou de la glace qui servait de vitre. Aujourd'hui, on peut se laisser aller à ménager plusieurs ouvertures, d'autant qu'avec un système de double vitrage la déperdition de chaleur est quasi nulle.

On utilise aussi beaucoup de « demi-*logs* » : certains sciés proprement au milieu de façon à obtenir deux surfaces planes pour le plancher, et d'autres grossièrement fendus pour le toit.

On peut également fabriquer le toit avec des petits *logs* alignés les uns contre les autres et recouverts d'une couche de 10 à 15 centimètres de terre qui assurera une bonne isolation.

Ci-contre
Lorsque la base de la cabane est assemblée, que l'assise est bonne et bien d'aplomb, les murs s'élèvent assez vite, à raison de deux à trois rangées par jour.

Double page suivante
Élever les murs représente le gros du travail, puisque l'ajustement des *logs* occupe plus des deux tiers du temps de labeur. Le toit et toutes les finitions prennent moitié moins de temps et sont aussi bien moins fastidieux.

“ Encore neuf ou dix billots à poser,

et on pourra faire le toit. Dès que c'est fait,

on emménage, juste avant l'hiver. ”

VEILLER À L'ÉTANCHÉITÉ

Pour l'étanchéité, on cherche une clairière, un alpage ou une rive où l'on pourra découper des carrés d'herbe sur une épaisseur d'environ 6 centimètres. Ces carrés sont ensuite disposés côte à côte sur le toit mais à l'envers, l'herbe au-dessous et les racines vers le ciel. Dans les semaines qui suivent la pose, l'herbe va retraverser l'épaisseur en formant un épais entrelacs de matière végétale qui assurera une étanchéité de plus en plus parfaite. De nos jours, on préfère généralement à ce système ancien l'utilisation de bâches en plastique ou goudronnées. On comblera aussi l'espace entre la terre et le plancher avec une épaisseur de mousse et de végétation qui empêchera l'air froid de remonter par les interstices entre les demi-*logs*.

La plupart des cabanes sont conçues avec une avancée qui permet, hiver comme été, de disposer d'un abri extérieur. On y entrepose toute la nourriture qui doit être conservée à l'extérieur, au froid, ainsi que les outils. Et ce n'est pas un détail car, en quelques heures, une importante chute de neige peut tout recouvrir : petit matériel, mais également hache ou scie. Alors, si l'on ne se souvient pas exactement de l'endroit où l'on s'en est servi, on ne peut les retrouver et il n'est pas question d'aller en racheter à la quincaillerie du coin !

Sur leur ligne de trappe, les trappeurs les plus exigeants ou les plus courageux construisent de petites cabanes de quelques mètres carrés afin de disposer d'abris un peu plus confortables que les tentes équipées d'un poêle à bois. À l'intérieur de ces cabanes, tous les trappeurs du monde laissent en partant de quoi allumer un feu, car ils savent que ce geste peut sauver une vie. Dans ces pays d'en haut, quitter une cabane sans laisser une brassée de bois prête à l'emploi et quelques bûches est considéré comme un acte criminel.

Ci-contre
Pour une bonne isolation, les troncs doivent être parfaitement assemblés afin que les interstices, bourrés ensuite de mousse, soient les plus minces possible.

Double page suivante
Une fois la cabane montée, Norman ira en ville, à quelques jours de marche à travers les montagnes, pour acheter ce qu'il ne peut trouver dans la nature : les vitres et quelques provisions diverses pour l'hiver – des mèches et du combustible pour les lampes à pétrole, quelques pièges à remplacer, du sucre, du sel, du thé, du café, de la farine et du lard...

“ Je vais aller à Dawson d'ici une ou deux semaines chercher les vitres et tout ce qu'il nous faut pour l'hiver. Je préfère te savoir installée dans la cabane que sous la tente. ”

COLMATER POUR ISOLER

Le gros œuvre de la cabane étant achevé, il faut se hâter de terminer l'isolation avant l'hiver, car l'automne a une durée tout à fait approximative ; les températures négatives, qui rendent difficile et douloureuse la collecte de mousse pour Nebraska, ne sont pas rares. C'est un long et fastidieux travail que de colmater chaque interstice entre les *logs*, chaque encoche, chaque fenêtre avec de la mousse. Il faut la glisser en quantité suffisante dans les petits espaces, surtout si elle est mouillée, car elle se rétracte en séchant. On la tasse avec précaution, assez pour ne pas laisser passer d'air, mais pas trop pour ne pas la faire tomber de l'autre côté, sinon tout est à refaire. Si la tâche est répétitive et assez ingrate, elle est motivée par la perspective d'obtenir facilement une température de 15 °C à l'intérieur de la cabane par – 40 °C à l'extérieur, avec pour seule source de chauffage le petit poêle à bois démontable que Norman a apporté. L'écorçage des *logs* trouve ici une raison d'être supplémentaire : il est bien plus facile de tasser la mousse entre deux *logs* présentant un aspect lisse plutôt que la surface rugueuse de l'écorce. De plus, une cabane aux *logs* écorcés durera plus longtemps, car les nombreux parasites qui trouvent habituellement refuge entre l'écorce et le tronc ne pourront venir s'y loger et se nourrir du bois.

Double page précédente
Les murs sont achevés. Reste à monter la charpente du toit, sur laquelle on cloue une couche de demi-troncs, recouverts d'un mélange de terre, d'herbe et de mousse pour assurer l'isolation et l'étanchéité, et enfin d'une dernière couche de bois.

Ci-contre
Le plus facile pour l'écorçage est de procéder en juin, lorsque l'arbre est gorgé de sève. Malheureusement, Norman n'a trouvé un nouveau territoire qu'à la fin du mois de juillet, période à laquelle la sève a commencé à sécher, collant l'écorce au tronc.

FABRIQUER SES PROPRES MEUBLES

Pendant ce temps, Norman confectionne quelques meubles pour un minimum de confort : un lit surélevé d'environ 80 centimètres par rapport au sol parce que la chaleur monte et que, même si la cabane est bien isolée, on ne peut éviter les courants d'air glacials au sol ; une sorte de plan de travail à côté du poêle pour préparer la nourriture et ranger les ustensiles de cuisine ; une table et deux petits bancs, situés de part et d'autre, près de la fenêtre pour avoir un maximum de lumière lors des petits travaux minutieux, comme la couture. Avec les chutes de bois des ouvertures, Norman réalisera en plus des étagères placées en hauteur, soutenues par des équerres de part et d'autre des murs de la cabane et destinées à plusieurs usages : ranger les vêtements de rechange ou le matériel qui ne supporte pas le froid (comme les piles pour sa lampe frontale), mettre des morceaux de viande ou de poisson à dégeler, réchauffer des outils ou des pièces avant de bricoler... Quelques clous plantés en hauteur près du poêle serviront à faire sécher les harnais des chiens, car, si on les laisse dehors alors qu'ils sont humides après un entraînement, on les retrouve raides comme du bois le lendemain.

Ci-contre
La cabane est terminée alors que les premiers froids blanchissent les crêtes des montagnes et que les lacs commencent à se couvrir de glace. C'est un moment privilégié pour observer les animaux qui s'activent à faire des provisions avant l'hiver.

Double page précédente
Rien n'est plus satisfaisant que d'habiter dans une cabane construite de ses mains, très exactement comme on l'a souhaitée, petit nid doré dans son écrin de verdure. Notre rêve à tous...

l'automne

Voyager à cheval

Les trappeurs utilisent surtout le cheval comme mode de locomotion. Son avantage par rapport aux chiens : pas besoin de transporter de nourriture pour lui. Si on laisse aux chevaux assez de temps de repos, ils le mettent à profit pour brouter. On les laisse alors en liberté avec des entraves aux antérieurs afin qu'ils puissent se déplacer en sautillant sans pour autant s'éloigner trop ; cependant, certains chevaux, plus agiles que d'autres, sont susceptibles de faire ainsi plusieurs kilomètres en une nuit. Dans ce cas, on repère le cheval dominant, que les autres suivent, et on le laisse attaché pendant que ses compagnons restent en liberté, puis on inverse. Le cheval étant grégaire, il ne s'éloigne jamais trop s'il est seul et revient vers ses congénères. Norman se déplace avec deux chevaux, un qu'il monte et un bâté, qui transporte le matériel de camp et la nourriture. À l'aide d'une cordelette, il l'attache à sa monture pour l'empêcher de traîner derrière. En effet, le cheval bâté essaie toujours d'attraper une touffe d'herbe par-ci par-là et risque de renverser son chargement en rattrapant au galop le cheval de selle. Il peut être tenté de s'aventurer dans des passages trop étroits et rester coincé par les sacs de bât entre deux arbres. Cette corde doit donc être assez solide pour ne pas casser en cas de résistance, mais pas trop afin que le cheval de bât ne soit pas entraîné dans une chute éventuelle du cheval de selle.

Le côté contraignant du voyage à cheval est que l'animal est craintif, panique plus ou moins vite selon le caractère et la confiance qu'il accorde à l'homme, et surtout reste imprévisible. C'est pour cette raison, et compte tenu de sa force phénoménale, qu'il faut rester très prudent. D'ailleurs, Norman préfère de loin voyager avec des chiens, même s'il reconnaît que les chevaux sont des animaux sympathiques et bien pratiques qui lui permettent d'avaler les kilomètres à travers les montagnes, les bois, partout où un canot ne peut aller, et de transporter beaucoup de matériel.

Pages 112-113
Les trembles sont à peine passés du vert au jaune, puis au rouge, que déjà les premières neiges sont là, comme pour dire à tous, hommes et animaux, qu'il faut hâter les préparatifs du long hiver qui s'annonce au pays d'en haut.

Double page précédente
Un dernier au revoir à Nebraska et à Voulk, avant de partir pour Dawson, la bourgade la plus proche. Bientôt, les hauts cols seront envahis par la neige, et Norman ne pourra plus passer avec ses chevaux.

Ci-contre
Norman apprend à ses chiens, dès leur plus jeune âge, à porter des charges qui l'allègent, lui, en cas de portage, ou à cheval quand il voyage ainsi.

UN SYMPATHIQUE CONVOYEUR

Un cheval a le pied sûr et passe à peu près partout en montagne si la pente n'est pas trop raide. Bon nageur, il peut traverser les rivières. Cependant, un courant trop fort peut emporter un cheval déstabilisé par sa charge. Voir un cheval paniquer dans l'eau est impressionnant, mais, si aucune branche acérée ni pierre coupante ne se trouve sur son parcours, il s'en sort indemne. L'idéal pour traverser une rivière est de se placer de trois quarts face au courant ; il est trop épuisant de le remonter de face, et trop difficile de résister à sa poussée de côté. Le cheval est aussi un agréable compagnon de chasse. En selle, on jouit d'une meilleure vue d'ensemble et on peut même pister les animaux, car la plupart ne se méfient pas du cheval, dont l'odeur couvre celle du cavalier. Et, si la chasse s'avère fructueuse, il permet de transporter toute la viande d'un élan en une fois. En revanche, le temps d'utilisation des chevaux est très court : pas plus de quatre mois par an. Dès que l'herbe jaunit, ses qualités nutritives s'amoindrissent et, au fin fond du bush, Norman ne peut leur apporter un complément alimentaire. Alors, il confie ses deux chevaux à un ami qui s'en occupe pendant l'hiver, tandis que les chiens prennent le relais.

Ci-contre
Lorsque l'on voyage à cheval, on évite au maximum les creux des vallées, marécageux et envahis de végétation, pour leur préférer les hauts alpages d'altitude et les crêtes où l'on progresse en terrain ouvert, sur un sol dur, même s'il est parfois rocailleux.

Double page suivante
Une journée de plus de six heures de progression à cheval est coupée d'une pause d'au moins une heure.

“ Chaque fois que je parcours ainsi l'immensité des paysages, je mesure la grandeur de ce que je vis. Je ne me contente pas d'admirer ces paysages, je m'y intègre complètement. ”

Ci-dessus
Lagopèdes, tétras et gélinottes sont les perdrix que l'on trouve le plus communément dans les pays d'en haut. Tétras et gélinottes conservent été comme hiver le même plumage, alors que le lagopède devient blanc comme neige l'hiver, à l'exception de sa queue, qui reste noire, sauf chez la sous-espèce assez rare des lagopèdes des rochers des Rocheuses, entièrement blancs.

Ci-dessus
Les chiens de prairie sont assez communs dans certaines zones montagneuses du Canada. Les rapaces, tels les aigles, leur font une chasse active, si bien qu'ils restent constamment sur leurs gardes, se prévenant les uns les autres de l'imminence d'un danger.

LE BÂTAGE DES CHEVAUX

Le bâtage des chevaux est un art qui ne s'improvise pas. Cela demande une technique dont les maîtres mots sont répartition, poids et équilibre. Tout d'abord, on choisit du bon matériel, un tapis de selle large et épais qui descend loin sur les flancs pour protéger le cheval des blessures qu'occasionne le frottement des caisses ou des sacs de bât. Les caisses seront de préférence en bois ou en cuir, car, lorsqu'elles sont métalliques, le bruit produit par un choc peut effrayer un cheval craintif.

Il est plus fatigant pour un cheval de porter une charge morte qu'un cavalier, qui accompagne naturellement le mouvement de sa monture. Le chargement doit donc être parfaitement équilibré et ne pas excéder une soixantaine de kilos. Cette répartition est primordiale, car elle conditionne la bonne tenue du bât, l'empêchant de verser d'un côté ou de l'autre. Si le bât tourne, un jeune cheval est souvent pris d'une peur panique et s'enfuit au galop, arrachant les sacs et semant le matériel dans le meilleur des cas, se blessant gravement dans le pire. Les « gonfles », sortes de grosses ampoules très douloureuses pour le cheval, sont aussi dues à ce fichu frottement provoqué par un mauvais équilibre de la charge. Elles sont longues à se résorber et peuvent s'infecter si le cheval n'est pas mis au repos.

Ci-contre
Dès que l'on redescend dans le fond des vallées, la végétation freine la progression. Norman recherche alors les sentiers utilisés par les caribous et les élans, dont l'envergure des bois correspond à peu près à celle de ses chevaux bâtés.

PROTÉGER LE CHARGEMENT

Tout est affaire de dosage, l'ajustage des sangles comme le reste : si elles sont trop serrées, les bâts compriment le cheval et finissent par le blesser ; si elles ne le sont pas assez, le chargement n'est pas stable, frotte et risque de tourner.

En fait, l'idéal est d'avoir deux chevaux habitués à porter des bâts : ainsi, on peut permuter cheval de selle et cheval de bât. Non seulement cela permet d'économiser les chevaux, mais cela réduit les risques de blessure.

Quand le chargement est bien placé, Norman enveloppe le tout d'un « tarpe », carré de grosse toile imperméable de 2 mètres sur 2 arrimé avec une corde. Indispensable pour protéger le matériel des intempéries, il doit aussi être assez robuste pour qu'en sous-bois les ronces et les branches basses glissent et ne se coincent pas dans les boucles ou les sangles de la selle de bât, bloquant le cheval. Norman répète à l'envi que les chevaux ne manquent jamais une occasion de passer sous des branches trop basses pour leur chargement et qu'ils se fourrent volontiers dans des situations délicates pour leur intelligence – qui, selon lui, reste assez sommaire comparée à celle de ses chiens…

Ci-contre
Norman connaît les gués permettant de traverser la plupart des rivières en gardant pied. Il n'hésite pas à faire un détour pour choisir un passage de ce type.

Double page suivante
Les chevaux avec lesquels on voyage dans les pays d'en haut doivent être entraînés à traverser les rivières, pas simplement à gué, car il arrive que l'on n'en trouve pas, mais aussi à la nage, ce qui, avec de lourdes charges, n'est pas une chose facile pour eux.

LA CHASSE À L'ÉLAN

L'élan, ou orignal, est le plus grand cervidé du monde. Il mesure près de 2,50 mètres au garrot et peut peser jusqu'à 900 kilos. On le trouve sur toute la largeur du Grand Nord canadien et au nord jusqu'à la limite des arbres, où il cède la place aux grandes hardes de caribous.

Il est essentiellement chassé à l'automne, pendant la période des amours, alors que les grands mâles se livrent à des combats plus ou moins violents pour la conquête des femelles. Moins méfiants durant cette période, certains mâles qui se tiennent dans des endroits inaccessibles le reste de l'année deviennent plus faciles à approcher. Norman utilise toujours un appeau, un cône taillé dans un rouleau d'écorce de bouleau, grâce auquel il imite le grondement rauque que les mâles se lancent pour se défier. Il attire ainsi vers lui les prétendants éventuels.

N'importe quel endroit ne convient pas, il faut appeler à partir d'une sorte de « zone de brame », lieu où les élans se rassemblent pour se défier. Ce sont les femelles qui, dans l'attente des mâles, se réunissent et choisissent ces lieux. Les trappeurs les connaissent et veillent à ne pas s'y rendre trop souvent afin que les animaux ne les délaissent pas au profit d'autres plus tranquilles.

Double page précédente
Un jeune cheval se laisse surprendre par le courant assez violent, qui le prend tout à coup de côté alors qu'il n'a plus pied, au milieu de la rivière. Il panique et désarçonne Norman.

Ci-contre
Au Canada, tous ceux qui vivent encore au plus près de la nature partent en automne à la recherche d'un élan qui leur assurera plus de 400 kilos de viande durant l'hiver.

S'APPROCHER SANS BRUIT

Généralement, ces zones de brame se trouvent au bord d'un lac, d'un marais ou d'une rivière où les élans se nourrissent d'herbes aquatiques, dont ils sont très friands. Le canoë permet alors d'approcher sans bruit et, une fois l'animal abattu, constitue un moyen de transport judicieux pour rapporter en un seul trajet la viande et la peau, qui donne un cuir formidable.

Les élans se chassent aussi l'hiver. La neige permet de localiser leur zone d'hivernage et de les suivre. L'ennemi devient alors le bruit, car l'hiver le silence est total et, en l'absence de vent, le moindre son traverse l'air jusqu'à des distances incroyables. Qu'un homme s'approche en raquettes ou à pied dans une neige croûteuse, un peu bruyante, et les animaux s'enfuiront bien avant qu'il ne les aperçoive. En revanche, si la neige est froide et floconneuse, un homme d'expérience comme Norman, sachant progresser à bon vent, pourra approcher suffisamment près d'un élan pour lui placer une balle mortelle.

Aussitôt qu'elle est découpée, Norman charge la viande sur son traîneau avant qu'elle ne gèle. Ses chiens savent qu'une part leur reviendra sitôt le camp atteint et ne rechignent pas à la tâche, arrachant le traîneau dans la neige profonde. Sans problème de conservation l'hiver, la viande sera salée et mise à sécher ou fumée en automne.

Ci-contre
La couleur des eaux du lac Emerald est magnifique mais Norman n'aime pas ces lacs au pH trop basique pour que la vie s'y développe. Il préfère ceux qui sont certes un peu moins bleus mais plein de poissons.

Double page suivante
Les jeunes aigles pêcheurs, d'un naturel assez paresseux, ne quittent le nid que contraints et forcés par les parents, qui arrêtent de les nourrir afin que, poussés par la faim, ils daignent enfin essayer leurs ailes.

LES RAVAGES DE LA DÉFORESTATION

Dans les catastrophes écologiques du siècle, la déforestation massive arrive en bonne position, et les forêts boréales ne sont malheureusement pas épargnées. La Colombie-Britannique, province canadienne sublime située à la frontière sud de l'Alaska, en est un triste exemple. Norman en sait quelque chose, lui qui a dû changer de territoire à deux reprises. En effet, les coupes à blanc réalisées dans des endroits de plus en plus reculés ont des conséquences très fâcheuses pour l'environnement. Dans un premier temps, les compagnies forestières tracent des routes qui, même l'abattage et le débardage finis, permettent d'atteindre ces lieux jusque-là préservés puisque difficiles d'accès. Sans compter qu'elles laissent bien souvent derrière elles des baraquements et autres constructions de fortune bâtis à la hâte pour les ouvriers et les bûcherons, et qui ne sont pas démontés car cela représente un coût inutile.

Autant de plaies et de verrues qui défigurent des endroits jadis féeriques. Bien souvent, ces terres appartenaient à des trappeurs comme Norman ou à des Indiens qui avaient un droit de pêche et de chasse, qu'ils demanderont à exercer plus loin moyennant dédommagement.

Ci-contre
Ce sont des rivières plus ou moins limoneuses qui alimentent les lacs, ce qui donne à leur eau des couleurs variables.

LA DESTRUCTION DE L'ÉCOSYSTÈME

Cela recule d'autant les sanctuaires où les animaux parviennent à vivre en toute tranquillité car, à la limite de ces lieux dévastés, guides de chasse et de pêche qui travaillent pour de riches clients venus de la planète entière coloniseront de nouveaux territoires.

Mais la conséquence la plus directe est sans aucun doute la destruction de tout un écosystème. Dans les coupes où rien n'est replanté, les arbustes et autres baies colonisent le sol. Grâce à cette abondance de nourriture, on assiste quelques années plus tard à une augmentation de la population d'ours noirs, qui fera reculer d'autres espèces, entraînant inévitablement un déséquilibre dans toute la chaîne alimentaire. Ainsi, il arrive fréquemment que les ours noirs, en surpopulation, posent de gros problèmes dans les villes.

Ci-contre

Le grizzly est considéré à tort comme un animal très dangereux. Or il est peureux et, à condition qu'on ne le surprenne pas ou qu'on ne le menace pas, il n'attaque que très rarement, se contentant, comme ici, d'une séance d'intimidation, certes assez convaincante...

UN DÉSÉQUILIBRE FATAL

Durant le seul été 1994, plus de deux cents d'entre eux ont été abattus par la police dans les rues de Prince George ! Ils ont véritablement envahi la ville : ils s'attaquaient aux poubelles, tuaient des chiens, entraient dans les jardins...

Dans d'autres cas, des plantations seront effectivement planifiées, mais l'homme ne replante jamais à l'identique ce qu'il a détruit. Souvent, une seule essence est privilégiée, entraînant un appauvrissement du sol. Le biotope définitivement bouleversé n'accueillera plus jamais les espèces animales qui ne peuvent exister sans cette diversité, car il est ainsi fait qu'une vie se nourrit d'autres vies.

Ci-contre
Trace de grand loup (timber wolf) côtoyant celle d'un ours. Le trappeur sait analyser et différencier toutes ces traces, allant jusqu'à comprendre ce que l'animal va faire, à quelle allure il se déplace, devinant ses intentions, voire son humeur !

Doble page suivante
Rester à une distance respectueuse des ours est une condition indispensable si l'on ne veut pas provoquer la charge. Attaque qu'il ne faut en aucun cas espérer éviter quand on sait que la vitesse d'un ours au démarrage peut atteindre celle d'un cheval au galop !

Double page précédente
Nanook, le chef de la petite meute de Norman, qui le suit dans tous ses déplacements, n'a aucun problème pour traverser à la nage les rivières les plus tumultueuses.

Ci-dessus
En été, Nanook ne passe jamais le long d'un lac ou d'une rivière sans s'y rafraîchir. Les animaux sauvages tels que les loups et les coyotes le font, eux aussi, très fréquemment.

Ci-dessus
En été, pour se protéger du soleil, mais surtout des moustiques et des moucherons qui, à travers les cheveux, piquent le cuir chevelu, il est nécessaire de porter une casquette ou un chapeau. Norman ne quitte jamais le sien, même sous la douche !

Double page suivante
Pour se rendre à Dawson, Norman doit franchir plusieurs cols à plus de 3 000 mètres d'altitude où la neige ne fond jamais totalement, même au plus fort de l'été.

DE LA BEAUTÉ DES PAYSAGES

Un jour, alors que nous nous trouvions, Norman et moi, au sommet d'un des plus beaux massifs des Rocheuses, nous avons parlé de la beauté des paysages. Je lui ai demandé s'il partageait ce que nous ressentions devant la féerie de certains endroits où nous étions. Norman m'a expliqué que son approche était différente. J'ai alors pensé à cette réponse donnée par un Inuit à un explorateur de l'Arctique qui lui demandait ce qu'était le bonheur. « C'est croiser une trace toute fraîche d'ours polaire et être en avance sur tous les autres traîneaux. » Un autre jour, au cœur de l'hiver, nous avions survolé une grande partie des Rocheuses qui s'étendent au nord de Ross River, le village des parents de Norman, où il a lui-même vécu une grande partie de sa vie. Après avoir découvert des paysages à couper le souffle, nous sommes arrivés dans une zone forestière moins haute, moins escarpée. Le paysage ondulait entre des collines boisées entrecoupées de lacs et de rivières. Un fantastique biotope pour les martres. Les yeux de Norman se sont allumés, il a scruté avec envie et admiration ce paysage que nous jugions anodin à côté de ceux que nous avions survolés jusqu'ici. Norman aimait ce paysage. Il le trouvait magnifique.

Ci-contre
Les cols d'altitude peuvent être envahis par la neige dès la mi-septembre. Or, Norman est obligé de passer par là pour se rendre à Dawson, la ville la plus proche.

LE SPECTACLE DE LA LUMIÈRE

Rien n'est plus subjectif que la beauté d'un lieu ou la définition du bonheur. Un paysage est beau parce qu'il joue d'une certaine façon sur nos sensations. Il est perçu en fonction de ce que l'homme « veut faire de ce paysage » : y tourner un film, y prendre une photo, y vivre, s'y promener en traîneau à chiens, y chasser...

La mer n'est belle que transparente pour l'amateur de plongée sous-marine. Elle n'est belle qu'avec de belles vagues pour le surfeur... Ainsi, le trappeur préfère à l'immensité désertique et froide d'un haut plateau balayé par les vents une forêt pleine de martres.

« Oui, mais la lumière ? », ai-je alors demandé à Norman. Celle qui éclaire un lieu d'une façon si particulière le matin, le soir ou même la nuit quand brillent les aurores boréales. Celle que nous attendons pendant des heures, des jours, pour tourner certaines scènes.

« Oui, c'est sans doute là que nos deux conceptions de la beauté se rejoignent le mieux », a-t-il concédé.

Ci-contre
Il n'y a que le Grand Nord, avec ses aurores boréales et ses flamboyants couchers de soleil, pour offrir de tels spectacles de lumière.

Double page suivante
La plupart des « gravel roads » de ce type ont été ouvertes par des compagnies d'exploitation forestière qui ont effectué des coupes à blanc dans des peuplements de pins parfois fort éloignés de toute civilisatio, donc dans des zones jusque-là protégées.

À la ville

Autrefois, les trappeurs et les Indiens échangeaient leurs fourrures contre les réserves et le matériel dont ils avaient besoin pour la saison dans des comptoirs ou des postes de traite que les Blancs installaient au confluent de certaines rivières.

On connaît la force des affrontements que se sont livrés les Anglais et les Français au début du XIXe siècle pour le contrôle de certains territoires. Dans ces postes, on trouvait des pièges, des armes et des munitions, bien sûr nécessaires à la trappe et à la chasse, mais aussi des aliments qui composaient le ravitaillement de base, tels que du thé, du sucre, du sel, du lard et de la farine, sans oublier malheureusement le rhum et le whisky, qui rendirent vite les Indiens et les Inuits dépendants des Blancs qui leur vendaient ces boissons.

Les comptoirs étaient également approvisionnés avec du matériel tel que des bougies, de la toile, des petits poêles à bois, des clous, des outils et quelques vêtements prisés des Indiens, par exemple des bottes en caoutchouc. Un registre était ouvert au nom de chacun des trappeurs, où étaient comptabilisées d'un côté les peaux déposées et de l'autre les marchandises retirées. La monnaie d'échange, ou plutôt la référence, était la « pelue », ce qui correspondait à une peau de castor de taille moyenne correctement dégraissée et sans défaut. Ainsi, un lynx valait cinq pelues, un loup trois pelues. Il fallait environ deux martres pour une pelue. De la même façon, une couverture coûtait trois pelues, un fusil quinze pelues et ainsi de suite.

Aujourd'hui, il subsiste quelques-uns de ces postes de traite, devenus des villages autour desquels la vie s'est développée. Il s'agit souvent de magasins de la Compagnie de la baie d'Hudson transformés en supermarchés, où les peaux sont déposées, comptabilisées, numérotées et évaluées, puis envoyées pour cotation vers les grandes villes qui centralisent l'offre et la demande, et établissent les prix. Le trappeur reçoit dans un premier temps un reçu et plus tard un chèque.

Ci-contre
Une ou deux fois par an, Norman se rend à Dawson : au printemps pour vendre ses fourrures et acheter ce dont il a besoin pour l'été, puis à l'automne, pour faire provision de nourriture et de matériel pour l'hiver. Il en profite pour ramener ses deux chevaux. Sans grange, ni foin, ni grain, il ne pourrait les garder dans la montagne.

LONDIKE KATE'S
RESTAURANT
KLONDIKE KATE'S
CABINS
RESTAURANT
THIRD AVE.

DOWNTOWN
HOTEL

RENOUER AVEC LE MONDE

C'est dans ces villages que le trappeur des pays d'en haut va au moins deux fois par an, en automne et au printemps, se ravitailler et prendre des nouvelles du monde. Tout comme les chercheurs d'or, qui vivaient finalement une existence très proche de celle des trappeurs, et qui avaient pour habitude de dépenser une bonne partie de ce qu'ils avaient si durement gagné dans le premier bar du coin.

Il est de multiples exemples de gens ruinés en une soirée, repartant dès le lendemain matin regagner tout ce qu'ils allaient de nouveau sans doute dépenser en offrant quelques tournées générales !

Il faut comprendre le choc ressenti par ces hommes, soudain plongés dans l'atmosphère entraînante des bars après des mois de solitude passés à se parler à eux-mêmes. Les patrons savaient offrir les premiers verres à ces coureurs des bois aux poches pleines d'argent. À l'eau depuis des mois, ils ne tenaient pas l'alcool et se laissaient volontiers entraîner par l'ivresse d'une chaude soirée dont l'ambiance leur avait tant manqué. Ils offraient un premier verre, un deuxième... L'argent filait... Souvent, il n'en restait pas lourd le lendemain, à moins qu'un ami bienveillant n'ait eu l'à-propos d'en mettre un peu de côté.

Norman, en ville, ressemble à ces coureurs des bois d'autrefois et se brûle parfois les ailes dans l'ambiance enfumée d'un bar qui, au sortir de la forêt, l'attire comme les pièges qu'il sait si bien poser pour les animaux qu'il poursuit. On connaît les méfaits de l'introduction de l'alcool, il y a un peu plus de deux siècles, chez les Indiens et les Inuits d'Amérique du Nord (comme cela s'est produit pour beaucoup d'autres peuples vivant dans les endroits reculés de la planète avec l'arrivée de l'homme blanc). Aujourd'hui, leur sédentarisation a amplifié leur dépendance, et l'alcool reste le fléau numéro un.

Ci-contre
Norman ne rechigne pas à se rendre deux ou trois fois par an en ville. Il y revoit ses amis, avec qui il prolongera, jusqu'au bout de la nuit, la veillée dans l'un des quelques bars de Dawson.

Ci-dessus
Plusieurs cimetières de ce type témoignent de l'incroyable aventure qu'a été cette invraisemblable ruée vers l'or, où près de cent mille personnes ont rejoint un pays qui en a retenu plus d'une dans ses griffes.

Ci-dessus
Aujourd'hui, les villages du Grand Nord sont la plupart du temps habités par des fonctionnaires des différents services gouvernementaux, par des bûcherons et quelques minoritaires amoureux des grands espaces et épris de liberté.

Double page suivante
Arrivé à cheval, Norman repart chez lui en hydravion, dans lequel il a entassé ce qu'il rapporte pour l'hiver. En deux heures de vol au-dessus des montagnes enneigées, il couvre la distance qu'il a mis plus de cinq jours à parcourir avec ses chevaux.

Ci-dessus
L'hydravion est de plus en plus utilisé par les trappeurs notamment pour se faire ravitailler en automne. Ceux, de plus en plus nombreux, qui utilisent la motoneige se font déposer ici et là, le long de leur ligne de trappe, des bidons de 200 litres de carburant.

Ci-dessus
Sous les ailes de l'hydravion, défile le paysage infini des montagnes Rocheuses. Pas un être humain à des centaines de kilomètres à la ronde et, ici, une seule espèce en voie de disparition, l'homme.

Double page suivante
Au mois d'octobre, alors que les montagnes commencent à blanchir, tout le monde attend les premiers grands froids avec impatience, car ce sont eux qui vont permettre les grands déplacements à travers les immensités blanches.

Dans l'attente de l'hiver

La construction de la cabane est terminée. Norman et Nebraska y ont passé de longues journées de travail, mais leur labeur est récompensé. Ils s'y sentent bien. L'automne est une période charnière dans le Grand Nord : l'été indien, comme on l'appelle, pendant lequel les arbres s'ornent de parures or et feu sous le soleil. Pas assez long pour être une vraie saison, l'automne est juste une période de transition. Norman aime retrouver ce monde hivernal dont l'ambiance le fascine toujours autant après des dizaines d'années de trappe. Mais le froid a du mal à s'installer pour de bon. La neige tombe épisodiquement. Encore lourde et collante, elle n'adhère pas au sol et se transforme vite en une boue sale. Le moral de Norman fluctue au gré de ces précipitations, pour se fixer au beau quand tombe enfin la première belle neige cotonneuse. Avant de pouvoir s'élancer avec les chiens sur les lacs et les rivières gelés, il faut encore attendre que le grand froid fige tout. Néanmoins, ce premier manteau blanc permet à Norman d'aller un peu plus loin sur les pistes dans la forêt et de rapporter au camp de nombreuses billes de bois bien sec qui sont destinées à être fendues pour le chauffage. Ces petites excursions défoulent les chiens et les habituent à tirer le traîneau chargé sur le retour.

Double page précédente
Dans ces grands espaces sauvages, l'homme peut marcher des semaines sans rencontrer la moindre trace de vie, mais malheureusement, partout, jusque dans le moindre brin d'herbe, les signes avant-coureurs de dégradation de l'atmosphère se font sentir, ici encore plus qu'ailleurs, car ces zones froides sont extrêmement fragiles.

LES DÉBUTS DE LA SAISON BLANCHE

L'automne est aussi une période d'observation. Norman passe de longues heures à jumeler (c'est-à-dire suivre à la jumelle) les animaux, pour son plaisir certes, mais aussi pour comptabiliser les petits de l'année, repérer les familles d'ours qui hivernent sur son territoire, regarder les caribous traverser les hauts alpages. La nature, telle une ruche bourdonnante, s'affaire à préparer l'hiver. Tout autour de la cabane, les ours, minuscules points noirs dans le paysage, ratissent méticuleusement le flanc des montagnes ; ils se gavent de myrtilles et autres végétaux avant qu'ils ne gèlent et ne soient définitivement recouverts par la neige. Leurs réserves de graisse témoignent de l'imminence de l'hiver.

On a d'ailleurs tendance à parler d'hivernage plutôt que d'hibernation en ce qui concerne l'ours noir et le grizzli. Car, bien que leurs rythmes respiratoire, cardiaque et intestinal ralentissent, la température de leur corps diminue moins que celle d'autres animaux hibernants. Terrés dans une tanière de novembre à avril (parfois mai) il leur arrive même de se réveiller, notamment s'ils sont trop affamés après un hiver précoce qui ne leur a pas laissé le temps de constituer des réserves suffisantes.

Double page précédente
Bientôt, Norman le sent, le grand froid va figer le paysage. Alors son cœur se met à battre plus fort. Il entend les chiens aboyer, prêts à partir, et il se voit déjà s'élancer avec eux dans le grand blanc.

Ci-contre
Nebraska, comme tous les habitants du Grand Nord, aime l'hiver, cette saison que d'autres jugent glaciale et hostile, mais durant laquelle tout devient possible et tellement féerique.

Ci-dessus
Les derniers flamboiements de l'automne. Nebraska ajoute un peu de mousse sur le toit, ce qui constituera une couche isolante que la neige viendra compléter.

Ci-dessus
La cabane est prête à recevoir les vitres que Norman a rapportées de Dawson, puis tout sera fini, fin prêt pour l'hiver.

UN INCESSANT ACTIF

Autre animal très occupé en automne, le castor. Lui aussi vit au ralenti durant l'hiver et, s'il ne peut ingurgiter d'énormes quantités de nourriture avant la saison froide et faire des réserves de graisse, il installe ses provisions dans un potager. Avec une agilité surprenante, il coupe une énorme quantité de tiges bien vertes qu'il va soigneusement planter sous l'eau, dans la terre. Ainsi conservées, elles resteront comestibles plusieurs mois, et la famille castor n'aura plus qu'à aller se servir dans ces plantations parfaitement alignées, qui forment de véritables sentiers.

Célèbre pour ses constructions de barrages, le castor est un animal étonnant, très organisé et très travailleur. Il remplit tour à tour les fonctions de bûcheron, d'architecte, de bâtisseur et de jardinier. Il est capable de couper des arbres de 40 centimètres de diamètre avec ses dents, il saisit tout ce qu'il veut de ses cinq doigts, et sa queue très puissante lui sert de pelle pour tasser la terre et la boue, de gouvernail pour nager ou de battoir dans l'eau pour prévenir ses congénères d'un danger.

Sous l'eau aussi, les poissons bougent beaucoup juste avant l'hiver. À cette période, Norman pêche les grosses truites de lac et met le froid à profit pour les conserver.

Ci-contre
Les chiens ont droit, eux aussi, à leur petite cabane en bois individuelle qui les préserve du « trop chaud » en été et du « trop froid » en plein hiver.

Double page suivante
Construire sa cabane tout près d'un lac offre quelques avantages, dont celui d'avoir de l'eau à portée de seau, mais Norman préfère à cela la vue imprenable sur le paysage qu'offre une situation un peu surélevée.

PRÉPARER LE CHAUFFAGE

« Que peuvent bien faire les trappeurs dans une cabane toute la journée ? » est une question récurrente. Les occupations ne manquent pas, car, si dans une maison il suffit d'appuyer sur un bouton pour obtenir de la lumière, augmenter la température dans une pièce ou faire un café, il en est tout autrement dans une cabane qui ne dispose d'aucune installation moderne. Le chauffage, surtout en hiver, quand les températures sont basses, exige qu'on lui consacre de une à deux heures de préparation par jour en fonction de l'éloignement du bois. Il faut déjà se rendre jusqu'à un lieu qui en comporte. Il s'agit souvent de zones brûlées. Dans ces cas-là, seule l'écorce a brûlé, et les fûts bien secs attendent qu'on les coupe. Il peut aussi s'agir de zones marécageuses où des castors ont relevé le niveau de l'eau en y construisant des barrages et en y noyant les racines d'une grande quantité d'arbres, qui vont eux aussi mourir sur pied.

Quand on ne dispose pas de telles réserves de bois mort à proximité immédiate de la cabane, on peut créer soi-même une réserve en taillant les écorces d'un certain nombre de conifères, qui vont alors mourir et sécher sur pied. On renouvelle l'opération chaque année en éclaircissant une zone forestière dans laquelle on prélèvera la quantité de bois nécessaire pour une saison, ce qui correspond en moyenne à une quinzaine de stères.

Ensuite, il faut abattre les arbres, puis les scier en tronçons de 2 à 3 mètres selon le moyen de transport utilisé pour les rapporter au camp : traîneau à chiens en hiver, canoë ou cheval en été.

Ci-contre
Une cabane aussi solidement construite que celle-ci peut durer un siècle, à condition que les joints en mousse soient refaits de temps en temps.

PRÉVOIR DE L'EAU

Au campement, on les recoupera à la longueur du poêle, puis les bûches ainsi obtenues seront fendues et empilées à l'abri contre la cabane. On veillera à fendre certaines bûches en toutes petites bûchettes afin de disposer de bois d'allumage.

L'approvisionnement en eau est une tâche qui prend aussi du temps. Le plus pratique consiste à creuser un trou dans la glace d'un lac ou d'une rivière et à aller y puiser chaque jour des quantités assez importantes : l'eau nécessaire pour abreuver les chiens, qui ne peuvent se contenter de mâcher la neige sale aux alentours de leur niche, ainsi que celle indispensable pour faire la cuisine, boire, laver, la vaisselle et les vêtements. Lorsque la cabane est construite assez loin d'un approvisionnement direct en eau – c'est le cas de celle de Norman et Nebraska, qui est surélevée par rapport au lac –, le mieux est de constituer, au début de l'hiver, une provision de cubes de glace empilés comme du bois d'un côté de la cabane. On s'aperçoit alors qu'il faut environ la même quantité de glace que de bois. Cette glace est mise à fondre dans une grande gamelle sur le poêle.

Ci-contre
Souvent les premières chutes de neige ont lieu dès la fin du mois d'août ou le début du mois de septembre en altitude, alors que les feuilles jaunies ne sont pas encore toutes tombées.

Double page suivante
Les premiers gels rendent la marche facile dans toutes les zones jusque-là marécageuses. Sur son nouveau territoire, Norman n'avait pas encore eu l'occasion d'explorer ces endroits-là, très giboyeux.

“ Je suis un des derniers trappeurs ici et je ne sais pas si je tiendrai le coup encore longtemps.

Je ne l’ai pas encore dit à Nebraska pour ne pas l’inquiéter, mais si je rate

ma saison sur ce territoire, j’arrêterai. Pourtant, Dieu sait si j’aime cette vie ! ”

DES CENTAINES DE TÂCHES JOURNALIÈRES

La nourriture demande aussi beaucoup de temps, car il faut s'en procurer et la préparer. Être au bord d'un lac permet de poser un filet pour s'approvisionner en poissons. Une bonne chose aussi est d'être proche d'un endroit fréquenté par les lièvres. En effet, poser des collets et les relever ne prend guère plus de temps que d'aller au coin de la rue acheter un steak.

C'est une bonne demi-heure, voire une heure par jour, qu'il faut consacrer aux chiens, pour les soigner, les nourrir, nettoyer les niches et ramasser les excréments.

Chez lui, le trappeur doit aussi préparer ses peaux. Une dizaine de martres demandent environ trois heures de travail. Il faut une bonne heure pour un loup ou un lynx, et pas tellement moins pour un castor.

À tout cela s'ajoutent les inévitables petites tâches journalières qui, mises bout à bout, prennent du temps : remettre de l'huile dans les lampes, régler les mèches, déneiger devant la cabane, raccommoder et repriser les vêtements, les harnais, faire sécher les affaires, réparer le matériel, ranger.

Finalement, on ne s'ennuie pas beaucoup, même si certaines heures paraissent durer des jours...

Ci-contre
Le premier embâcle fond souvent sous l'effet d'un redoux. Des blocs de glace sont alors charriés puis bloqués aux endroits où le lit de la rivière ou du fleuve est peu profond, formant plus tard le « pack ».

Pages 198-199
Nebraska met à profit la période qui précède le grand froid pour coudre quelques vêtements d'hiver dans du cuir et de la fourrure conservés à cet effet lors de la précédente saison de trappe.

FLEURS ET FRUITS

Une belle contradiction de la flore du Grand Nord réside dans le fait que ce sont les plantes les plus appréciées par les oiseaux et les autres petits animaux qui ont le plus de chance de survivre. En effet, enfermées dans leur estomac, transportées au loin, les graines sont à la fois semées et fertilisées lors de leur excrétion. La végétation du Grand Nord peut paraître bien pauvre comparée à celle d'autres régions du globe, mais les plantes profitent à tous : les élans mangent les saules, les ours l'herbe, les baies et les tubercules, les perdrix les épines d'épicéa. Même les animaux les plus carnivores comme la martre profitent des bienfaits des plantes dès lors qu'ils ingurgitent des souris ou d'autres petits herbivores. Les buissons et les fleurs donnent aux paysages leurs plus belles couleurs et ponctuent la taïga et la toundra d'éclatantes éclaboussures. À l'automne, nombre d'arbustes porteurs de baies s'allument de mille feux : framboises et myrtilles, airelles, groseilles, mûres et cornouilles.

Ci-dessus
Dans la taïga, où l'été dure deux mois au minimum, une épaisseur de terre variant de 30 centimètres à 2 mètres parvient à dégeler et à fournir une végétation encore abondante et variée. Plus on avance vers le nord, plus la taïga s'uniformise, car seuls les conifères résistent aux climats les plus rigoureux. Sapins, pins épicéas, mélèzes, prédominent. L'hiver, Norman dispose un épais tapis de branches de sapins sur la neige pour isoler le sol de la tente du froid.

À gauche
Le saule a cette particularité de développer à la fin de l'automne des bourgeons qui sécrètent une substance antigel. Celle-ci leur permet de résister au froid hivernal, comme s'ils restaient endormis, et de se réveiller au printemps pour très vite habiller les arbustes d'un épais feuillage vert.

En haut à droite
Aulnes, érables, frênes, bouleaux et trembles constituent la grande majorité des feuillus présents dans la forêt boréale, l'habillant de couleurs chatoyantes au gré des saisons et explosant dans un final mordoré à l'automne.

En bas à droite
Mousses, lichens et saules tapissent le sol de la forêt. Les petites branches et bourgeons des saules nourriront les lagopèdes ainsi que les élans et petits mammifères herbivores durant l'hiver.

l'hiver

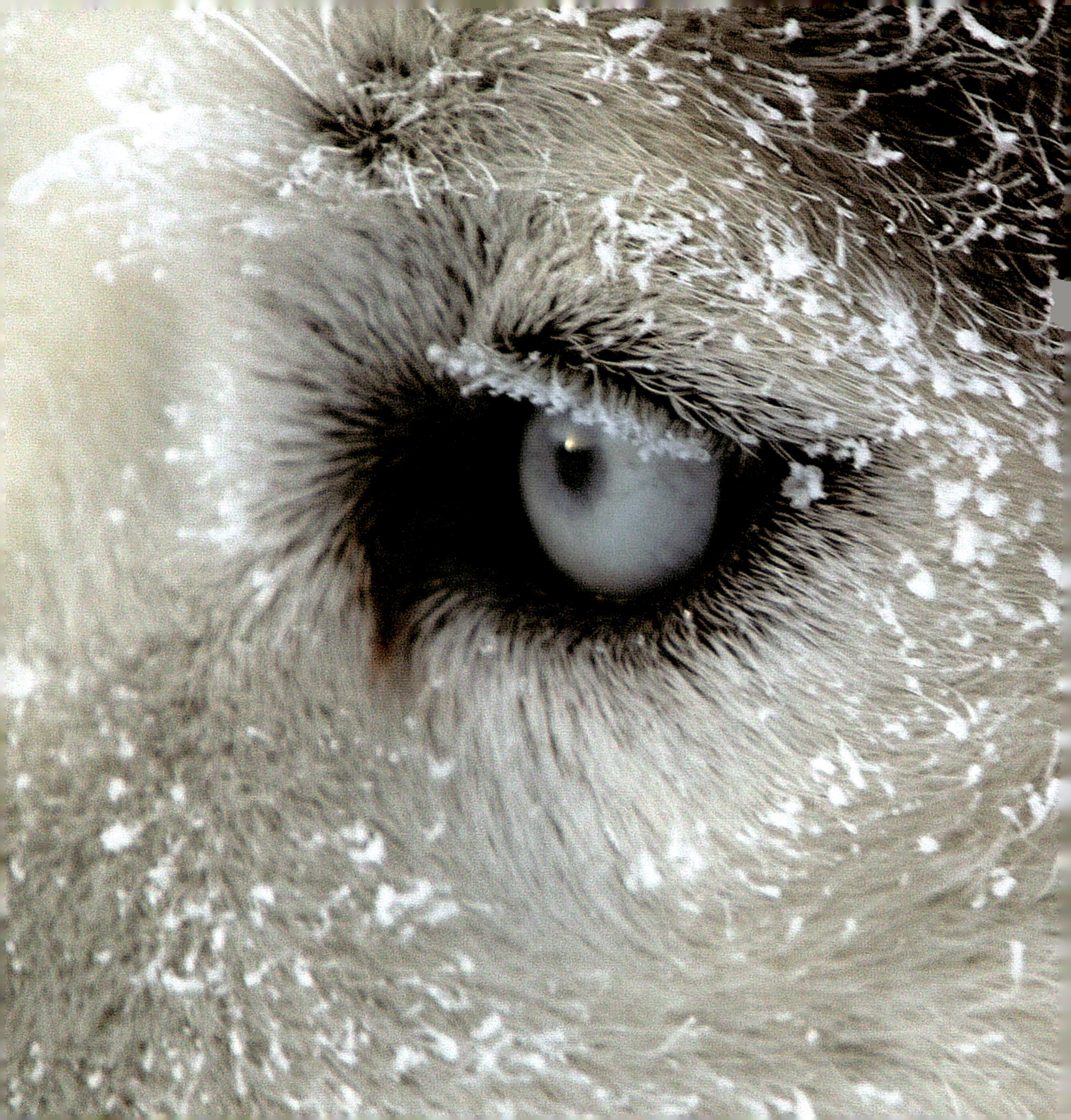

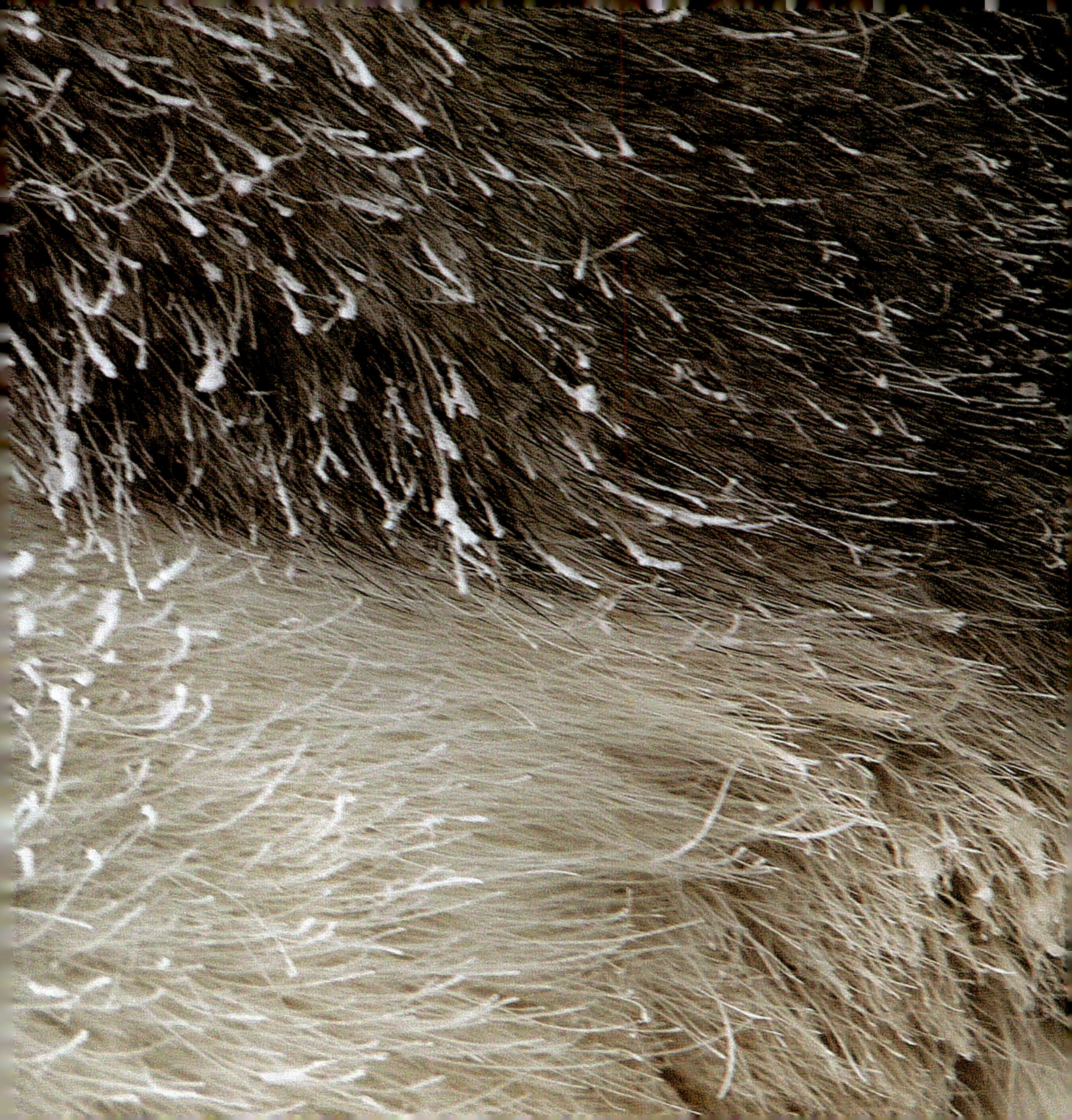

Les chiens de traîneau

Les trappeurs qui utilisent encore des chiens ont généralement des attelages de cinq à huit animaux, rarement plus. Deux raisons à cela. Les lignes de trappe, longues en moyenne de 50 à 100 kilomètres, sont des pistes tracées en début d'hiver à travers les paysages censés abriter les plus fortes concentrations d'animaux à fourrure. Le trappeur dispose d'une à trois lignes le long desquelles il tend ses pièges, parfois plus de cent sur une même ligne.

Ces lignes ne suivent pas l'itinéraire le plus facile d'un point à un autre. Au contraire, elles slaloment dans les coins giboyeux, explorent des combes ou fonds de vallée, longent et traversent un bois, montent et redescendent vers des lieux qui, pour des raisons diverses, abritent tel ou tel animal à fourrure. En un mot, ces pistes n'ont rien à voir avec ce qu'un musher (conducteur de traîneau) pourrait tracer, à savoir l'itinéraire le plus rapide possible, évitant tout détour. Un attelage long de plus de huit chiens ne pourrait emprunter ces pistes pleines de virages, de montées et de descentes. Il faut donc un attelage compact, répondant parfaitement aux ordres, des chiens robustes plutôt que rapides.

La seconde raison est d'ordre « économique » : un chien coûte cher à nourrir. Certes, le trappeur pêche et chasse pour subvenir aux besoins de ses chiens, mais, à raison de 3 à 5 kilos de poisson ou de viande par jour, cela donne plus d'une tonne par an et par chien ! Aujourd'hui les trappeurs utilisent de plus en plus les granulés déshydratés, plus légers, pour nourir leurs chiens, mais le coût est élevé. Le trappeur a tout intérêt à réduire leur nombre au minimum, sachant qu'il ne lui faut guère plus de cinq ou six chiens pour transporter ce dont il a besoin pour une semaine.

Pages 204-205
L'effet du froid combiné à des périodes réchauffées où la température remonte parfois au-dessus de 0 °C, et ce, même en plein hiver, sculpte d'étranges dessins à la surface des lacs et des rivières.

Double page précédente
Quoi de plus beau que le regard bleu d'un chien de traîneau scrutant avec envie la piste devant lui, sur laquelle il va bientôt s'élancer ?

Ci-contre
Minik est une véritable pile électrique qui ne demande qu'à bondir. Les chiens aiment, déliés des contraintes de l'attelage, s'élancer ainsi libres dans la neige fraîche.

CHOISIR UN LEADER

L'été, certains trappeurs et Inuits emmènent leurs chiens sur une île assez vaste pour qu'ils puissent y trouver leur nourriture eux-mêmes pendant toute la période estivale : œufs, jeunes oies et canards que la meute chasse en groupe, mulots et autres petits ou grands mammifères, poissons échoués sur les berges (en période de remontée des saumons, il peut en arriver des centaines). Ainsi les chiens font de l'exercice, ils vivent en liberté une vie de meute, et ils font « économiser » à l'homme qui les entretient le reste de l'année quelques mois de soins et de nourriture. Cependant, ce genre d'île, que l'on trouve en mer près des côtes ou sur quelques très grands fleuves, reste rare.

Le trappeur doit aussi être musher. Il place généralement en tête un chien qu'il a senti dès son plus jeune âge prédisposé à cette tâche. C'est un chien équilibré, calme, qui regarde droit dans les yeux. Dans une portée, le musher écartera les chiots peureux, sauvages, durs à apprivoiser, indépendants. Il sera plus attentif à ceux qui surveilleront sans arrêt les allées et venues des humains, rechercheront leur contact, essaieront de comprendre leur attitude. Ceux-là sont assurément des chiots qu'il conviendra d'essayer de dresser comme leaders.

Ci-contre
Les chiens de traîneau n'aiment rien plus que courir, et c'est cet amour de la course que le musher utilise pour leur faire tirer un traîneau et partager avec eux le même plaisir d'aller à travers les paysages.

Double page suivante
Certaines zones très rapides des rivières et des fleuves, empêchent le gel. La différence de température entre l'eau (à 0 °C) et l'air crée de la condensation, et il se forme un brouillard givrant qui s'accroche partout autour.

APPRENDRE À DIRIGER

Certains chiots déçoivent, d'autres surprennent, mais il faut insister avant d'abandonner. En effet, certains chiens se déclarent tardivement, et des progrès rapides peuvent conduire à une progression nulle, alors que des progrès lents mais réguliers donnent souvent des chiens exceptionnels. En cela, le dressage est une des étapes passionnantes du « métier » de musher.

Les premières sorties doivent s'apparenter à un jeu. Il ne faut pas réprimander l'élève, qui doit se passionner pour la course avec ses congénères. Une fois qu'il sera complètement mordu par ce « jeu », alors seulement on lui apprendra qu'il existe des règles qui vont lui permettre d'aller encore plus loin. À quoi servirait-il d'apprendre les règles à un jeune joueur de foot qui n'aurait pas envie de taper dans un ballon ? Il en est de même avec les chiots. Il ne faut surtout pas, et sous aucun prétexte (à l'exception de ceux qui mordent harnais et cordes), réprimander ni corriger lors de la première sortie. Un jeune chien que l'on prépare à devenir leader sera placé non pas devant, mais, dans un premier temps, juste derrière celui ou ceux (ils sont souvent deux) qui occupent cette position. Ainsi, il va apprendre les ordres basiques de direction : *djee* pour la droite et *yap* pour la gauche. On n'utilisera pas « gauche » ni « droite », car le chien fait mal la différence entre les sons « au » et « oi », assez proches phonétiquement, alors que le « i » de *djee* est à l'opposé du « a » de *yap*. Placé derrière le chien de tête, le chiot va vite assimiler le fait d'aller à gauche et à droite, mieux que s'il occupait une place proche du traîneau, où les changements de direction sont atténués par la longueur de l'attelage. Après une saison environ, le jeune chien va être placé à côté de celui qui va devenir son mentor et l'éduquer tout autant que son maître. Gare alors au manque de réactivité, car certains leaders ne supportent pas d'être ralentis dans leur prise de direction par un jeune chien qui aurait tendance à traîner et se laisser guider.

Pages 214-215
La ligne de trappe est une piste d'environ 60 kilomètres, tout au long de laquelle Norman pose ses pièges.

Double page précédente
Sur une piste bien damée et gelée, les chiens trottent à une vitesse de plus de 15. km / heure.

Ci-contre
Lorsque les chiens ne sont pas fatigués, ils restent volontiers debout à l'arrêt, ce qui leur permet aussi de voir tout ce qui se passe.

Ci-dessus
La première sortie en traîneau de l'hiver est toujours un moment d'une intense émotion. Il faut veiller à ce que les chiens, emportés par l'excitation, n'aillent pas au-delà de leurs capacités et restreindre la durée des premières courses.

Ci-dessus
La complicité que les chiens développent avec ceux qui les guident est basée sur la confiance et l'amitié. On peut tout demander à un chien, à condition de le respecter et de lui faire comprendre pourquoi on attend ceci ou cela de lui.

NOTRE CHIEN DE TÊTE

Voulk fait partie de ces bougons. Il devient irascible et coléreux si on lui colle un jeune chien mal mis qui ne comprend pas assez vite à son goût. Apache en a parfois fait les frais. Certains passages du film, à l'arrêt et même en course, montrent les réprimandes de son maître qui, par amour, lui pardonnait pourtant bien des erreurs ! Mais pas toutes. Il y a tout de même des limites, surtout quand on aime autant que Voulk le travail bien fait. Après cette nouvelle saison d'apprentissage, il convient de placer de façon épisodique le jeune chien seul en tête, avant qu'il ne se complaise trop dans ce rôle d'assistant, tout en veillant à ne pas le dégoûter. Il arrive que, écrasé par cette responsabilité toute neuve, le nouveau leader fasse un blocage, parfois définitif s'il est mal compris par le musher.

Double page précédente
Au sein de la meute, il existe une hiérarchie très stricte et importante pour une bonne cohésion entre les chiens. Cela n'interdit pas les histoires d'amour, mais le vieux chef, ici Voulk, a une certaine priorité sur les jeunes femelles, ici Apache.

Double suivante
Dans une cabane parfaitement isolée, comme celle de Norman, quelques bûches suffisent pour élever la température à plus de 20 °C à l'intérieur.

La trappe d'hiver

Norman trappe seulement deux ou trois lynx par saison. Pour deux raisons : la densité moindre de ce prédateur par rapport à celle d'autres petits animaux à fourrure (martres, castors) et l'énorme impact des campagnes antifourrures menées un peu partout dans le monde sur le prix des peaux d'animaux comme le lynx, dont l'apparence rappelle celle d'un gros chat.

En tout cas, les populations de lynx se portent bien. Elles sont intimement liées à celles des lièvres. Lorsque ces derniers abondent, les femelles lynx se reproduisent dès leur première année, et le nombre de petits par portée augmente. Mais quand les populations de lièvres sont faibles, les lynx se reproduisent peu et élargissent leur territoire à la recherche de nouvelles proies : campagnols, lemmings, lagopèdes, perdrix, écureuils. Les dents et les mâchoires du lynx sont trop petites pour qu'il puisse prétendre attaquer les grands mammifères, mais il peut s'en prendre occasionnellement à un jeune caribou. Son physique est adapté à la vie dans la neige. Son poids léger combiné à ses larges pattes l'empêche de s'enfoncer dans la neige profonde, et ses longues pattes lui donnent la puissance requise pour poursuivre les lièvres dans la neige. Il faut que la poursuite soit brève : c'est un sprinter, non un coureur d'endurance. La réussite de sa chasse dépend de la qualité de son approche, puis de la rapidité avec laquelle il fond sur sa proie. Un lièvre surpris sursautera à gauche puis virera à droite, il rebondira en sens inverse, et bien souvent le lynx échouera, sa chasse-poursuite se terminant en une explosion de neige ! Le lynx se tient le plus souvent au sol, cependant, bien qu'il ne grimpe pas aux arbres pour attraper les écureuils volants ou d'autres petits gibiers, il s'y réfugie volontiers pour échapper à ses prédateurs, principalement les loups et les hommes.

Double page précédente
Dans les montées, le musher descend du traîneau, qu'il pousse pour aider les chiens à le hisser jusqu'en haut. De temps à autre, il s'arrête en plantant le frein qui empêche le traîneau de redescendre, et laisse ses chiens reprendre leur souffle.

Ci-contre
Le lynx se rencontre un peu partout dans les pays d'en haut, bien qu'il soit rare d'avoir l'occasion d'en observer. Les populations de ce félin dépendant directement de celles des lièvres, sa nourriture de base, Norman adapte ses prélèvements en conséquence.

PLUSIEURS SORTES DE PIÈGES

Selon l'animal visé, les trappeurs procèdent de manière différente. La législation actuelle autorise deux sortes de pièges. Les premiers sont ceux qui permettent d'attraper des animaux vivants sans provoquer de blessures, pour choisir ceux que l'on prélève et ceux que l'on relâche. Par exemple, la « boîte tombante », sorte de cage rectangulaire plus ou moins grande dotée d'un système de portes coulissantes dont l'animal déclenche lui-même la fermeture lorsqu'il tente d'emporter l'appât qui se trouve à l'intérieur.

Les seconds tuent l'animal sans le faire souffrir : selon leur conception, l'endroit où on les pose et l'appât que l'on y place, ces pièges s'adressent à une espèce précise sans risque d'erreur. L'appât est fixé de façon à ce que la tête de l'animal se trouve précisément là où les mâchoires du piège se refermeront. Rien de plus cruel que le système de mise à mort des animaux que nous élevons pour les manger et qui dans les abattoirs subissent un stress odieux dû à la promiscuité avec leurs congénères mis à mort.

On peut s'apitoyer sur le sort des animaux sauvages tués par le trappeur, mais ce dernier est devenu aujourd'hui le prédateur le plus propre et le moins cruel, assurément. Il suffit de voir un loup déchirer et manger le ventre d'un caribou encore vivant pour s'en convaincre. L'homme s'est servi de son intelligence et de sa conscience pour mettre au point des systèmes de mise à mort les plus « humains » possible.

L'homme n'est pas, par nature, végétarien. Pour se nourrir, il aura toujours besoin de tuer les animaux qu'il a élevés pour cela ou de prélever la part qui lui revient dans la nature. Autant qu'il le fasse le mieux possible. La manière qu'utilise le trappeur n'est pas condamnable, ou alors faut-il condamner aussi d'autres prédateurs aussi naturels que lui, qui partagent son territoire : les loups, les renards, les lynx ?

Ci-contre
Il existe plusieurs sous-espèces de mouflons dans les montagnes Rocheuses. Il s'agit ici du mouflon blanc d'Alaska, présent dans toute la partie nord et dans les reliefs d'Alaska.

Double page suivante
Le soleil n'arrive pas à faire fondre ces décorations de givre accrochées dans la végétation lorsque la température est inférieure à –30 °C.

Ci-dessus et double page précédente
Norman chasse les perdrix blanches pour se nourrir, servir d'appât pour ses pièges et de temps en temps, nourrir ses chiens.

Ci-dessus
Les habitants du Grand Nord se nourrissent volontiers de perdrix, dont la chair est tendre, riche et savoureuse. Ils les attrapent au collet, posé dans les broussailles où elles se gavent de bourgeons, ou au fusil.

INDISPENSABLES RAQUETTES

Le trappeur n'oublie jamais ses raquettes, même en début de saison, lorsque la couche de neige est encore mince et que l'on peut marcher sans elles, car rien n'est plus soudain qu'une brusque tempête de neige. De même au printemps : lorsque l'on peut progresser sur une croûte gelée de neige transformée, il faut néanmoins toujours emporter ses raquettes, car la couche va dégeler au soleil. Dans toutes les grandes courses de chiens de traîneau, les raquettes font partie de l'équipement obligatoire. Il n'y a que dans l'Arctique, où l'on ne trouve de toute façon pas de bois pour en fabriquer (la nature est bien faite), que les raquettes ne sont d'aucune utilité. Là-haut, le vent, qui ne rencontre aucun obstacle, tasse la neige comme le ferait une raquette géante, et l'on peut aller partout. Il en va de même sur certains grands fleuves que les vents balaient. Nul besoin de raquettes pour voyager sur les fleuves Yukon ou Mackenzie. Quand on voyage en traîneau à chiens, on utilise une paire de raquettes qui creusera et tassera la neige sur une largeur un peu supérieure à celle des patins du traîneau. Si les trappeurs ont généralement des traîneaux assez étroits, c'est pour pouvoir utiliser des raquettes pas trop rondes, ces dernières étant difficiles à manier dans les forêts, surtout lorsque l'on doit passer entre les arbres.

Ci-contre
Norman trappe la plupart du temps avec ses chiens, qui sont habitués à l'attendre sur la piste. Il va poser ou relever ses pièges à pied ou en raquettes lorsque la neige est profonde.

LA TECHNIQUE DES RAQUETTES

La pratique demande une certaine habitude : ce n'est pas tant que la technique soit difficile, mais les muscles et tendons sollicités ne sont pas du tout les mêmes que pour la marche à pied. Un non-initié qui n'aura pas le temps de s'y faire de façon progressive attrapera ce que l'on appelle le « mal des raquettes ». Il s'agit d'une douleur ressemblant à celle que pourrait provoquer une tenaille tordant le tendon d'Achille à chaque pas.

Ma première expédition en traîneau à chiens, je l'ai passée devant le traîneau… en raquettes pour faire la piste. Les premières semaines, j'avais du mal, même en dormant à reposer mes jambes. La nuit, la douleur musculaire ne m'entraînait que vers des rêves de raquettes. J'avais beau me dire en songe « tu dors, arrête de marcher ! », je n'y arrivais pas et repartais toujours…

Toute la difficulté consiste à progresser les jambes légèrement écartées et à grandes enjambées, de façon à ne pas se marcher dessus. Le mouvement à effectuer avec l'avant du pied et la jambe consiste à ressortir la raquette de l'empreinte qu'elle a tassée dans la neige sans en accrocher les rebords. Pour ce faire, il convient de positionner l'avant de la raquette en hauteur.

Ci-contre
C'est enfin le plein hiver, celui que Norman aime par-dessus tout. Du matin au soir, il parcourt son nouveau territoire qui n'aura bientôt plus de secret pour lui.

Double page suivante
Les castors se piègent sous la glace, dans les plans d'eau qui abritent plusieurs familles. Norman ne vend pas la fourrure de castor, qui rapporte trop peu, mais l'utilise lui-même pour fabriquer des moufles, des chapkas et des genouillères.

LA PLACE DU TRAPPEUR

Norman habite sur un territoire de plusieurs dizaines de kilomètres carrés, des milliers d'hectares qu'il sillonne de long en large. Il y vit avec des animaux dont il sait quelle part revient à chacun : les loups mangent élans et caribous, les lynx des lièvres, les castors coupent des arbres et les perdrix se nourrissent tout l'hiver de bourgeons de saule, ce qui empêche leur prolifération. Les renards mangent ces perdrix et les corbeaux se contentent des restes. Les interactions entre les animaux, la flore et les paysages forment une toile d'araignée aussi complexe que fabuleusement organisée. Chacun y a sa place, son rôle. Aucune espèce n'est nuisible. Le trappeur regarde, analyse, intervient. Il est un prédateur intelligent qui régule les populations et réduit ainsi les conséquences de la prolifération d'un animal.

En 1987, un terrible blizzard de printemps suivant un brusque redoux a formé une croûte de neige dure que les perdrix, qui s'enfouissent dans la neige pour dormir, n'ont pas pu crever. Elles sont mortes par milliers. Les renards se sont régalés. Les femelles, grasses et en bonne santé, ont mis bas d'importantes portées de renardeaux qui, trouvant à se nourrir de toutes ces perdrix conservées par le froid jusqu'au printemps, ont tous survécu. Les rares perdrix survivantes ont eu du mal à couver leurs œufs, harcelées par une densité inhabituelle de renards. L'hiver suivant, il y avait trois fois plus de renards qu'à l'accoutumée et dix fois moins de perdrix. Comme ces dernières n'ont pas freiné la croissance des saules en mangeant leurs bourgeons, ceux-ci ont colonisé de nouveaux espaces au cours de l'été suivant, faisant reculer d'autres espèces.

Ci-contre
En hiver, Norman porte toujours la barbe, qui protège le visage des morsures du froid, ainsi que sa chapka en cuir et fourrure dont il rabat les oreilles lorsque le froid ou le vent sont intenses.

RÉGULER LA NATURE

La nature peut se débrouiller d'une situation comme celle-ci. Elle y mettra du temps et de l'énergie, mais elle retrouvera son équilibre. L'homme peut l'aider. Le trappeur piégera cinq à dix fois plus de renards qu'il n'a l'habitude d'en prélever et ne chassera pas les perdrix. Il évitera de se rendre dans leur zone d'hivernage et piégera à la périphérie pour empêcher les prédateurs d'y aller. L'homme vient agir là comme il le doit. Il fait consciemment ce que d'autres prédateurs font inconsciemment. Ainsi, le loup prélèvera un caribou malade, plus facile à attraper, plutôt qu'un adulte en pleine santé. Et cette part qu'il a prélevée, c'est la sienne. Prélever sans appauvrir. Prélever pour enrichir. Voilà la devise du vrai trappeur, celui qui n'existera bientôt plus. La nature, orpheline de ces hommes qui l'aimaient et la protégeaient, devra se débrouiller seule. Son deuil est en train de se faire. Elle s'habitue à vivre sans nous, et nous croyons pouvoir nous habituer à vivre sans elle. Quelle erreur ! Il est temps de regarder le monde d'hier pour en tirer des leçons qui nous permettront peut-être de mieux vivre demain, plus près de la nature, avec elle plutôt que contre elle.

Ci-contre
Les lacs sont des endroits sûrs, à la glace homogène, à l'exception des zones qu'il faut éviter à tout prix où arrivent et d'où partent les rivières.

Double page suivante
En hiver, avant de pêcher, il faut creuser un trou dans plus d'un mètre de glace. On choisira pour cela une zone de bas fonds où les poissons se concentrent durant la période froide.

“ Quand je tue un animal, je lui explique pourquoi.

Et je lui dis ce que je vais faire

de sa peau, de sa viande, de ses os.

Je ne lui demande pas pardon, non, je le remercie.

Ce sont les Indiens naskapi qui m'ont appris ça. ”

Double page précédente
Un arbre, seul à des kilomètres à la ronde, mais suffisant pour fournir quelques branches mortes qui alimenteront un petit feu sur lequel Norman fera fondre de la glace ou de la neige et préparera un repas.

Ci-dessus
Dans la toundra qui n'a d'autre limite que l'horizon, Norman part une fois par an, au milieu de l'hiver, à la recherche d'un grand troupeau de caribous qui hiverne dans cette zone. L'image de cette grande harde « ouvre » superbement le film.

Ci-dessus
Les bois de caribous permettent à Norman de tromper la vigilance de ces animaux et de pouvoir les approcher jusqu'à une centaine de mètres.

Un acte d'échange

Dans le Grand Nord, on trouve une assez grande variété d'animaux, mais les densités sont faibles. Cela est dû à la relative pauvreté de l'environnement par rapport aux pays du Sud, où les forêts et alpages peuvent nourrir une faune plus importante. Un observateur non averti peut être trompé par l'inhabituelle concentration, à certaines périodes et en certains endroits, de quelques mammifères ou volatiles. Ainsi les caribous qui, au Labrador, se rassemblent en hardes de plusieurs dizaines de milliers de têtes, ou les cerfs géants des Rocheuses dont certaines hardes en été comptent plus de trois cents bêtes. Il peut y avoir surabondance d'animaux dans un endroit, alors qu'un peu plus au sud ou au nord on peut marcher des semaines sans en rencontrer un seul.

Il en est de même des oiseaux ou des petits mammifères, comme les lièvres, qui se regroupent en hiver en des lieux bien particuliers, désertant par ailleurs d'immenses territoires qu'ils colonisent en été. Les lagopèdes n'échappent pas à cette règle. On les trouve un peu partout en été, mais ils se concentrent dès les premières neiges dans les fonds de vallée où poussent des aulnes qui ont la particularité de bourgeonner en automne afin de gagner du temps sur l'été, trop court pour fabriquer des bourgeons puis des feuilles et des fleurs ! Protégé par une substance antigel sécrétée par l'arbuste, le bourgeon sert de nourriture aux perdrix blanches, et ces dernières envahissent certains secteurs, que les Indiens appellent des « poulaillers ». Norman et moi en avions découvert un, au nord de Dawson, où des centaines voire des milliers de perdrix colonisaient un champ d'aulnes dans un petit canyon protégé par deux parois rocheuses qu'habitaient de grands corbeaux.

Mais les concentrations d'animaux, hormis les périodes de voyage pour les oiseaux migrateurs, restent des exceptions. Les animaux des pays d'en haut sont assez discrets, et les rencontres sont rares.

Ci-contre
Le canyon de Dodo, un endroit magnifique mais dangereux, surtout en automne et au printemps, car des glaçons ou des pierres peuvent tomber depuis le haut. C'est pourtant le seul passage pour accéder à une partie du territoire de Norman.

L'INTELLIGENCE DE LA POURSUITE

Sur son ancien territoire de trappe, Norman pouvait demeurer des semaines sans voir un animal, notamment aux périodes les plus froides de l'hiver, quand ils réduisent les déplacements afin d'économiser leur énergie. Heureusement, la neige est là, dans laquelle on peut lire à livre ouvert. Le trappeur sait déterminer le sexe de l'animal, mais surtout il étudie ce qu'il est en train de faire, où il va, ses intentions. Il devine comment il appréhende le milieu dans lequel il évolue, sa façon de faire, son humeur. La finesse de son analyse permet au trappeur de déterminer comment, où et avec quel appât attraper l'animal dont il convoite la fourrure. Tous les lynx ne se prennent pas de la même manière. Ils ont chacun leurs habitudes, leurs points forts et leurs faiblesses. Le trappeur cherche à les connaître, et c'est en les découvrant qu'il apprend à respecter et à admirer ceux qu'il poursuit. La contradiction interne à ce qu'il fait – attraper des animaux qu'il aime et qu'il respecte – est la même que pour un bûcheron coupant des arbres dans la forêt qu'il aime par-dessus tout, bien plus que ceux qui n'y voient qu'une oasis de verdure où se ressourcer durant leurs loisirs. Le bûcheron et le trappeur agissent dans la nature, et leur relation avec elle est un acte d'échange fort, qui crée des liens étroits et fusionnels.

Ci-contre
Norman va franchir la ligne de partage des eaux entre son territoire et celui de son vieux copain Alex, un trappeur de 86 ans, à qui il a décidé de rendre visite.

Double page précédente
L'homme doit faire acte de présence pour éloigner les loups qui exècrent les chiens.

Ci-dessus
Les loups ne sont pas dangereux pour l'homme. En revanche, ils attaquent presque systématiquement les chiens, auxquels ils vouent une haine sans limite.

Ci-dessus
Après une courte période d'observation, s'apercevant qu'un homme protège les chiens, la meute qui voulait régler son compte à cet attelage qui avait osé pénétrer sur son territoire va faire demi-tour.

Double page suivante
Dans la neige profonde, les loups vont toujours à la queue leu leu selon un ordre très strict correspondant à la hiérarchie de la meute.

Attention danger !

Dans des endroits aussi reculés que le Grand Nord canadien, dont le réseau routier reste peu développé, les fleuves et rivières sont d'importants « couloirs » de voyage aussi bien pour les hommes que pour les animaux. Le Yukon est le plus long fleuve d'Alaska et le plus utilisé comme route.

Norman, comme tous les autres trappeurs, mushers et coureurs des bois de tout poil, l'emprunte tous les ans, l'été en canot et l'hiver en traîneau à chiens. L'été, bien que certains rapides (dont les Five Fingers) soient réputés pour leur difficulté, les dangers sont visibles et en quelque sorte « attendus ». L'hiver, il en va tout autrement : rien ne ressemble plus à 1 centimètre de glace recouvert de 20 centimètres de neige que 30 ou 50 centimètres de glace recouverts de la même épaisseur de neige. Voyager sur l'eau l'hiver demande une parfaite connaissance du cours d'eau ou du lac, et surtout une grande expérience de la glace. Tous les ans, on déplore des accidents mortels où attelage et musher disparaissent à tout jamais sous la glace… Plusieurs causes sont envisageables, et il faut tester la glace avant de s'y aventurer.

Un hiver « pourri », Norman en a connu plus d'un ! Il suffit d'un embâcle incomplet, avec des températures trop douces qui empêchent la glace de prendre une épaisseur suffisante en début de saison, suivie d'importantes chutes de neige. Si le poids de ce manteau blanc ne fait pas céder la glace, il fera un bon isolant qui l'empêchera de s'épaissir davantage, même si les températures chutent par la suite. Quand il a un doute, Norman se sert d'un bâton pour sonder la glace et se fie au bruit : mat et sourd quand la glace est épaisse, plutôt creux et qui résonne quand il y a danger. La couleur peut aussi être un bon indicateur pour un œil avisé : gris égal danger !

Double page précédente
Dans le Grand Nord en hiver, l'essentiel des déplacements se fait sur la glace. Le musher et ses chiens apprennent à distinguer celle qui tiendra de celle imparfaitement épaisse ou poreuse et cassante, qu'ils éviteront.

Ci-contre
Rien n'est plus traître que la glace recouverte de neige cachant ses pièges. Norman s'est plusieurs fois fait prendre par de la glace nouvelle imparfaitement gelée, mais cette fois-là, personne, excepté ses chiens, ne pouvait le tirer d'affaire.

UNE EXTRÊME VIGILANCE

Le courant est un important facteur de fragilité. Plus il est fort et moins la glace a d'épaisseur. Certains endroits ne gèlent jamais, même par – 60 °C. Ces zones ouvertes sont facilement repérables si la visibilité est bonne, car la différence de température entre l'eau à 0°C et l'air glacial provoque une importante vapeur. En revanche, s'il y a du pack – morceaux, parfois blocs et même murs de glace encastrés et mêlés les uns aux autres –, on peut avoir de mauvaises surprises si l'on débouche au détour d'un virage ou au galop sur une belle surface bleue, comme cela arrive parfois, avec peu de neige. Le traîneau peut être difficile à freiner à cause de l'élan et du poids, ou bien la trajectoire peut être délicate à dévier si les chiens sont en pleine course et qu'ils ont du mal à accrocher la glace pour emmener le traîneau dans leur sillage…

Enfin, les endroits où rivières et cours d'eau se jettent dans un lac parfaitement et uniformément gelé par ailleurs sont autant de zones dangereuses où la glace reste très fine toute la saison. Une extrême vigilance est donc de rigueur, car les facteurs climatiques changent d'un hiver à l'autre. Norman est passé maintes fois au travers de la glace. Il prend des risques seulement s'ils sont extrêmement mesurés : une profondeur d'eau relative, pas plus de 1mètre afin de pouvoir remonter sur la glace, une température extérieure modérée, pas au-dessous de – 30 °C, qui lui laisse le temps de réagir, de se déshabiller et d'allumer un feu avant que ses vêtements ne raidissent et que ses mains ne gèlent, perdant toute sensation. Enfin, et surtout, si le courant n'est pas important, car dans ce cas, saisi et transi, on ne résiste pas et on est tout simplement happé sous la glace avec impossibilité de ressortir. Une mort qui semble atroce, mais qui est ultrarapide, conjuguant noyade et hypothermie quasi simultanée en raison de la température glaciale de l'eau.

Ci-contre
Norman est passé plusieurs fois au travers de la glace, bien qu'il ne prenne de risques que mesurés.

L'ACCIDENT DE NORMAN

Dans le Grand Nord, la moindre erreur prend des proportions dramatiques. Même Norman, pourtant aguerri à toutes les sortes de pièges de l'hiver, peut se laisser surprendre. Rebelle, le Grand Nord joue encore des tours même à l'un de ses plus fervents défenseurs, comme pour lui rappeler que rien n'est jamais acquis, que ces grandes étendues sauvages qu'il arpente respectueusement depuis tant d'années gardent un côté indomptable.

Surestimer les capacités d'un chien peut être l'une de ces erreurs. C'est ce qu'a expérimenté Norman. La marge de manœuvre était insuffisante pour récupérer la mauvaise exécution d'un ordre de direction que Norman avait donné à Voulk, mis en tête pour remplacer Nanook. Le chien est passé si près d'une zone fragile, que la glace s'est rompue. La première seconde de surprise au contact de l'eau glaciale passée, les chiens se sont immédiatement agrippés de toutes leurs griffes au rebord de la glace. Déployant toute leur énergie, et aidés en cela par une répartition de leur poids sur quatre pattes, ils sont parvenus à s'extirper de ce bain glacé et, grâce à leur formidable puissance musculaire, à en arracher également le traîneau qui les retenait prisonniers de l'eau.

Ci-contre
Les chiens sont tombés au travers de la glace, mais sont parvenus à remonter dessus, entraînant derrière eux le traîneau que Norman a essayé de saisir, mais qu'il a relâché.

LE SAUVETAGE

Malheureusement, Norman, dont les mouvements étaient déjà ralentis par l'hypothermie, a raté l'occasion de s'accrocher au montant du traîneau, qui déjà s'éloignait dans un raclement de verre brisé. La glace s'effondrait autour de lui à chacune de ses tentatives pour grimper dessus, et déjà son corps s'engourdissait, ses vêtements gelaient au contact de l'air et l'entravaient davantage. Il le savait… Il venait de laisser partir sa dernière chance…

Norman a rappelé les chiens, sans y croire. La détresse dans sa voix, certainement autant qu'une fragilité inhabituelle, a fait prendre conscience à la jeune chienne Apache que son maître était en danger. Sa réaction première, guidée par l'instinct, a été la fuite, pour survivre. Puis son dévouement pour son nouveau maître a pris le dessus sur la peur. Elle a entraîné à sa suite tous ses compagnons, et l'attelage entier, comme un seul chien, est revenu chercher Norman. C'est ainsi qu'il lui a sauvé la vie, en lui permettant de reprendre appui sur le traîneau et en le hissant sur la glace. Ému aux larmes quand il raconte cette histoire, Norman avoue qu'au début il ne croyait pas en cette chienne qu'on lui avait donnée. Depuis ce jour-là, une magnifique complicité s'est installée entre ces deux êtres.

Ci-contre
Les chiens peuvent vite paniquer quand ils passent au travers de la glace, car ils ne sont pas vraiment libres de leurs mouvements à cause des traits qui les retiennent et des harnais qui les gênent. Heureusement, ensemble, ils unissent leurs forces et réussissent souvent à s'en sortir.

Double page suivante
En quelques secondes, le sang s'est retiré des doigts de Norman, qui ne peut plus agripper la glace. De toute façon, celle-ci s'effondre au fur et à mesure qu'il tente de remonter.

Ci-dessus
Les chiens, qui ne sont plus menés par Nanook, mort renversé par une voiture lors du voyage de Norman à Dawson, s'en vont en laissant leur maître à son triste sort...

Ci-dessus
Heureusement, Apache, la jeune petite chienne qu'un ami de Norman lui a offerte à Dawson pour remplacer Nanook, a entendu les appels désespérés de son nouveau maître. Elle entraîne tout l'attelage pour revenir secourir Norman.

SLUSH ET GLACE

Les Inuits ont un vocabulaire de plusieurs dizaines de mots pour désigner ce que nous appelons « neige » et « glace ». Texture, consistance, solidité, usage, sont autant de paramètres qui modifient le sens.

En ce qui concerne la glace, la température extérieure joue un rôle majeur dans sa solidité : 2 centimètres de glace à – 50 °C supporteront aisément un traîneau et son chargement de 250 kilos, alors qu'à – 10 °C il faudra être très prudent. D'une manière générale, on a tendance à sous-estimer cette solidité : 3 centimètres de glace reposant sur de l'eau sont extrêmement résistants, malgré quelques craquements sinistres. La « slush » peut aussi donner des sueurs froides. Plusieurs couches de slush peuvent se succéder, et l'on ignore souvent, au moment où la pellicule de glace cède, si une base solide ou non supporte ces couches.

La slush reste une véritable plaie pour le musher, car les patins enduits de ce mélange gèlent immédiatement au contact de l'air. Il faut alors décharger le traîneau, le retourner et déglacer les lisses à l'aide d'un couteau ou d'une hache. Si l'on progresse sur une rivière ou un lac où le vent a soufflé la neige, on scrutera la surface pour éviter les étendues de couleur grisâtre laissant présager des zones de slush.

S'il est vrai que les chiens peuvent sentir certains dangers sur la glace, il ne faut pas oublier qu'ils tirent un traîneau souvent lourdement chargé. Si eux passent, le traîneau, lui, peut briser la couche de glace. Ce n'est pas tant le poids qui importe que la manière dont il est réparti. Ainsi, un enfant de 30 kilos sur deux pieds peut passer au travers là où un chien de même poids à quatre pattes tiendra sans problème. Norman a plusieurs fois « fait l'araignée » quand brusquement la glace s'étoilait autour de lui. Les membres écartés, il rampait ainsi vers une zone plus solide, étalé de tout son long pour répartir au mieux son poids.

Double page précédente
Le premier grand coup de froid a figé ce lac sur lequel une couche de plus de 20 centimètres de glace s'est constituée en une seule nuit.

Ci-contre
Le Dodo Canyon est situé non loin de l'endroit où j'ai rencontré Norman pour la première fois, lors de ma traversée intégrale du Grand Nord canadien en traîneau à chiens.

LES CHIENS, COMPAGNONS DE SOLITUDE

Norman continue d'utiliser les chiens pour se déplacer durant l'hiver. Ils vont absolument partout, dans des zones qui restent inaccessibles aux machines. Pour cette raison, les Rocheuses sont restées très sauvages en de nombreux endroits, car il est tout à fait exceptionnel que les conditions climatiques permettent aux motoneiges de les traverser.

De plus, un attelage de chiens de traîneau dérange moins. Lynx, carcajous, renards, coyotes, aiment suivre les traces des chiens et utiliser leur piste. Déjà tassée, la neige est plus dure. Ils fournissent ainsi moins d'efforts et dépensent moins d'énergie. Des calories précieuses qu'ils réservent pour combattre le froid plutôt que pour des déplacements fatigants ou inutiles. Comme le chien est pour eux un animal parmi d'autres, ils ne sont pas effrayés, plutôt curieux. Cette attirance pour l'odeur du chien est loin de desservir Norman, car les animaux ne fuient pas les territoires qu'il visite. En certains points stratégiques, il dépose même des pièges le long de cette piste. Quelques mésaventures lui ont aussi prouvé, si besoin était, l'extraordinaire courage des chiens dans la difficulté, permettant de se sortir de situations très délicates.

Mais les meilleures raisons pratiques ne pèsent pas grand-chose dans la balance. Norman a depuis longtemps pris la décision de garder ses chiens pour une raison toute simple : leur compagnie. La complicité qui lie Norman et ses chiens est irremplaçable. Compagnon indéfectible, l'animal soutient l'homme dans sa quête d'authenticité. Une amitié réelle qui ne s'encombre jamais de faux-semblants, et dont l'essentiel se traduit par un regard droit et franc. Les mots sont superflus, car les chiens reçoivent toutes les émotions, mais ils écoutent tout de même avec un regard plein de tendresse les plus douces paroles.

Ci-contre
Norman ne croyait pas du tout à cette petite chienne qui s'intégrait mal à l'attelage. À partir de cet événement qui aurait pu lui coûter la vie, il va placer Apache en tête avec Voulk, qui, lui aussi, lui fera les yeux doux…

Double page suivante
Lorsqu'on voyage sur une rivière imparfaitement gelée, on ne traverse celle-ci que dans les endroits larges et homogènes. La plupart du temps, on essaie de longer les berges.

“ Alex, il y a longtemps de cela, il a perdu ses dix chiens

parce qu'il s'était trop éloigné d'eux.

Les loups détestent les chiens et sans l'homme,

ils les tuent en un rien de temps.

Alors moi, je fais gaffe, je veille.

Ça m'a drôlement servi de leçon, cette histoire. ”

UNE RELATION DE CONFIANCE

Plus que jamais, durant les longs mois d'hiver, Norman vit en osmose avec ses chiens. Ils vibrent à l'unisson dans cet univers qui est le leur et dont rien ne vient parasiter la quiétude. Une relation qui enrichit un homme dans ces immensités et l'empêche de devenir fou à force de solitude. C'est pourquoi Norman maintient une relation forte avec ses chiens. Il doit être obéi et respecté pour la bonne marche de l'attelage, mais il ne veut pas être un homme trop dominant, suscitant la crainte plus que le respect. Une relation basée sur la confiance lui permet d'obtenir beaucoup de ses chiens.

Il a ainsi établi sa place, aux côtés de la meute et non au-dessus. La nuance est importante, car il se différencie de ses chiens pour ne pas susciter de jalousie, pour créer avec chacun une relation personnalisée, sachant aussi entendre ceux dont le mental réclame plus d'attention, d'encouragements. D'autres apprécient moins l'intrusion de l'homme dans la vie de la meute et s'investissent moins dans une relation affective avec lui ; leurs rapports avec les autres chiens leur suffisent. Il faut aussi savoir respecter cela. Chaque chien est différent et réclame une attention particulière. Ces échanges d'homme à animal font partie de la vie de Norman. Sans les chiens, la motivation ne serait plus la même. D'ailleurs, même s'il s'interdit tout anthropomorphisme abusif, on peut souvent surprendre Norman à murmurer des mots d'amour à Apache comme pour la faire rougir, ou demander à Voulk d'arrêter de tout faire pour ridiculiser un jeune chien qui se la joue un peu trop !

Double page suivante
Une cime émerge du brouillard que créent parfois les dernières eaux libres en gelant par très grand froid. Les zones de rapides des rivières tumultueuses sont très longues à geler.

Ci-contre
Durant l'hiver, les chiens sont le plus souvent attelés. Les lâcher en liberté de temps à autre est excellent pour leur équilibre.

“ Tant que je n'ai pas passé une saison entière quelque part, que je ne suis pas réellement entré en conversation avec ce qui m'entoure, je ne sais pas ce que vaut réellement un territoire. Il faut du temps pour cela. ”

L'ATTELAGE DU FILM

Il est temps de faire connaître ceux qui, le temps du film, sont devenus les compagnons indéfectibles de Norman. Avec ses allures de mannequin et ses beaux yeux bleus, la belle Apache attire les regards, en use et abuse, mais on le lui pardonne volontiers. Voulk n'a pas résisté à son charme et la couve du regard ; aucun mâle de l'attelage n'ose l'approcher. Elle a ses humeurs, telle une star. Alors, un jour elle bosse comme un diable et le lendemain, pour des raisons inconnues, elle renâcle et devient très énervante. Puis elle se vexe. Mais ça ne dure pas, comme si elle avait conscience que la bouderie ne lui va pas. Crevette est une femelle de la pointe du museau jusqu'au bout de la queue. Tendre, câline et capable de toutes les fourberies pour obtenir ce qu'elle veut. Opiniâtre et courageuse, un peu précieuse parfois, mais on peut compter sur elle. Des trois femelles de l'attelage, c'est elle qui domine. Elle chaperonne affectueusement Pussy tout en gardant la distance qui sied à son rang de leader. En revanche, elle vit très mal la relation amoureuse de Voulk et d'Apache. Crevette est jalouse parce que Apache a la faveur non seulement de Voulk, mais également des hommes. Elle se venge en usant de son autorité, ce qui ne la rend pas sympathique. Alors Norman lui consacre du temps et de l'attention.

Avec ses yeux d'or qui piègent le soleil, il attire le regard. Minik est un coureur, un fou de la piste, qu'il avale avec un appétit de gourmand. Il ne sait pas s'économiser. À peine attelé, il saute et jappe en tous sens comme si cela allait accélérer le départ. Voulk, couché en tête de l'attelage, la tête posée sur ses deux pattes avant, lui jette un regard condescendant. Rien n'y fait. Minik fait partie de ces chiens qui ne se calment pas avec l'âge, mais il est formidable et son énergie est communicative.

Double page précédente
Cette zone du lac Perrying n'est jamais totalement gelée car une source d'eau chaude s'y déverse pour le plus grand plaisir des loutres qui, nombreuses, s'ébattent à cet endroit.

Ci-contre
Lâcher ses chiens de temps en temps et les laisser courir libres, sans position prédéfinie par l'attelage, est un exercice fondamental pour la bonne entente de la meute, qui va ainsi « tester » le rang hiérarchique de chacun.

DES PERSONNALITÉS MARQUÉES

Nabouko n'est pas un mauvais bougre, du moins pas aussi mauvais qu'il y paraît. Sa position de chef de meute auxiliaire le dessert. En éternel conflit avec Voulk, qui le domine et ne lui passe aucune incartade, il souffre de cette position intermédiaire et ne fait rien pour y remédier. Éternellement à l'affût, parfois fourbe avec les autres, il est un peu le mal-aimé de l'attelage. Mis à l'écart, il rêve de dominer et ne s'épanouira pas tant que cette place ne lui reviendra pas. Alors seulement Nabouko pourra devenir lui-même. Doté d'un bon fond, il deviendra assurément un bon chef de meute. Il ne lui reste plus qu'à attendre.

Pussy est hiérarchiquement la troisième femelle de la bande, mais elle s'en fiche. Pussy est née heureuse et le restera. Jouir de la vie, voilà à quoi Pussy s'emploie. Elle détient la médaille d'or de la bonne humeur. Reste Rox. Son nom lui va bien. Massif, fort et, comme souvent dans ces cas-là, un peu pataud et très gentil. Presque trop, car il n'utilise cette puissance qu'au travail, jamais pour s'imposer, si bien que les autres en profitent et ne le respectent pas assez. Avec ses yeux vairons, l'un bleu et l'autre marron, il attire le regard et appelle la caresse, qu'il apprécie en s'abaissant jusqu'à en redemander. Rox, c'est un grand câlin, un gros chien avec un cœur énorme.

Ci-contre
Voulk et Apache, les deux chiens stars. Le film s'est enrichi de cette histoire d'amour entre le vieux chien de tête et la petite chienne, tout d'abord rejetée par Norman et la meute et qui deviendra vite la préférée de tous…

Une belle amitié

Alex, le meilleur ami de Norman, est aussi un de ces coureurs des bois restés fidèles à un mode de vie ancestral. À près de quatre-vingt-six ans, une sage douceur émane de son visage dont chaque ride semble refléter une parcelle d'histoire. Autrefois, les trappeurs comme lui piégeaient des castors, mais leur fourrure n'est plus aussi prisée, et ils délaissent aujourd'hui cette trappe fastidieuse et d'un mauvais rapport. Certaines régions sont menacées par la prolifération des castors, et des programmes gouvernementaux encouragent à nouveau leur destruction au moyen de primes, alors qu'en d'autres endroits on essaie d'accroître les populations de lynx qui leur font la chasse. Aujourd'hui, les trappeurs au Canada prélèvent majoritairement des martres, accessoirement quelques lynx, loups et wolvérines.

La martre est un petit mustélidé qui pèse à peine plus de 1 kilo et dont la fourrure varie du jaune sombre au brun-noir. Plus la fourrure est sombre, plus elle rapporte : jusqu'à 100 dollars pièce. Le trappeur qui dispose d'un bon territoire en prélève jusqu'à trois cents par saison, soit à peu près 20 % de la population totale. Il récolte ces animaux aux mois de novembre et décembre, période à laquelle les jeunes martres de l'année voyagent à la recherche d'un territoire, donc croisent des pièges et y succombent. Vers la mi-décembre, dès que le trappeur s'aperçoit qu'il commence à piéger autant d'adultes que de jeunes, il arrête pour ne pas entamer le capital. Il se contente des intérêts, environ entre 10 et 20 % de la population totale, en attrapant majoritairement des jeunes. Ainsi, il prélève sans appauvrir son territoire. Les études comparatives effectuées sur les populations de martres sur un territoire trappé et un peu plus tard sur le même territoire non chassé sont intéressantes, voire édifiantes.

Double page précédente
Les rivières dont certaines zones restent ouvertes tout ou une partie de l'hiver créent des nuages de brouillard givrant qui peuvent s'alimenter au fur et à mesure et se maintenir des semaines dans le fond de certaines vallées.

Ci-contre
Alex est sans aucun doute le grand-père de tous les trappeurs du Yukon. Il est aussi une sorte de père spirituel pour Norman, qui a beaucoup appris de lui et décide d'accomplir un long voyage pour aller lui rendre visite.

CHASSER LA MARTRE

Partons d'une population fictive de 100 martres sur un territoire donné. Un trappeur en prélève 20. Il en reste 80, qui « produisent » au printemps environ 30 jeunes. La mortalité naturelle (vieillesse, accidents, maladie) en élimine 10. Il en reste 20 pour le trappeur. Et ainsi indéfiniment, avec des prélèvements qui varieront de 10 à 30 en fonction des années.

Considérons maintenant que le trappeur quitte le territoire. Au lieu de 80 martres à la fin de l'hiver, il en restera 100 qui en produiront 40. L'année suivante, il en restera 130 qui en produiront 45… Et ainsi de suite ? Non. Dès l'année suivante, les martres en excédent ne trouveront plus suffisamment de nourriture ou de territoires. Les animaux vont commencer à maigrir, les femelles produiront infiniment moins de petits, voire pas du tout. En quelques années, la population va revenir à son niveau initial. Une part aura été gâchée. Celle de l'homme.

Dans le Grand Nord, le trappeur est le premier gardien de ces territoires parce qu'il les aime et parce qu'il y vit. Que ces gardiens disparaissent et il n'y aura plus personne pour crier quand on les saccage.

Puissent ce film et ce livre faire prendre conscience à ceux qui ne le savent pas de ce que nous sommes en train de perdre avec eux.

Ci-contre
Norman évoque auprès de son ami ses difficultés. Ils sont les derniers trappeurs, et Alex lui explique qu'il doit rester coûte que coûte sur son territoire, sinon « qui va prendre soin de lui ? », répète-t-il.

PÊCHER SOUS LA GLACE

En hiver, la pêche est plus difficile qu'en été et pas seulement à cause de l'épaisseur de la glace qui recouvre lacs et rivières. Les poissons circulent moins et se tiennent en certains endroits qu'il faut connaître, voire deviner. En général, ils restent dans les bas-fonds.

On s'en remet donc au relief alentour pour tenter de déterminer où creuser un trou dans lequel on pêchera avec un appât crocheté à un hameçon ou au moyen d'un filet tendu entre deux trous.

Son installation prend du temps, car il faut creuser un trou tous les cinq à six mètres afin de pouvoir glisser de l'un à l'autre une perche à laquelle on aura attaché une corde. Avec un filet d'une vingtaine de mètres de long, il faut creuser au moins quatre trous pour obtenir la distance voulue entre les deux extrémités.

Une partie de pêche sous la glace est l'occasion pour Norman et Alex de se retrouver. Dans leurs errances en solitaire, rares et précieux sont les moments qu'ils partagent.

Double page précédente
Norman et son vieux copain Alex se font rôtir un lièvre pour le déjeuner et critiquent ceux qui abîment et ne comprennent pas les territoires sur lesquels ils vivent une vraie relation d'amour.

Ci-contre
Alex a 86 ans et continue à trapper comme il l'a fait toute sa vie, avec un immense respect et une profonde connaissance de ce milieu auquel il appartient.

VB

SOLITAIRES MAIS SOLIDAIRES

Jamais un coureur des bois ne trouvera porte close devant une cabane en plein bush.

Au contraire, une brassée de bois prête à être enflammée sera préparée en évidence au cas où la personne qui arrive serait en difficulté, de même qu'un peu de nourriture non périssable laissée au cas où... L'hospitalité n'est pas une gentillesse, elle tombe sous le sens pour ces gens aux conditions de vie difficiles et contraints à un isolement forcé. On s'efforce d'apporter aux visiteurs un peu de cette chaleur qui fait défaut à l'extérieur ! Le réconfort mutuel qu'offre une rencontre est inestimable après des semaines de solitude. Les trappeurs sont équipés d'une radio et se tiennent informés de leurs déplacements. Alex sait quand Norman doit arriver à tel endroit, et tient Norman au courant de son cheminement. Ils conviennent de rendez-vous radio. Ainsi, si l'un des deux ne donne plus de nouvelles, l'autre n'hésitera pas à partir à sa recherche. Il perdra une dizaine de jours si nécessaire pour se rendre sur la ligne de trappe de son ami et lui prêter assistance. Dans le Grand Nord, l'amitié prend tout son sens.

Ci-contre
Alex et Norman ensemble, lors d'une partie de pêche. Leur complicité s'exprime aussi par de longs silences, ils vivent les mêmes choses, et les mots sont souvent inutiles pour partager des émotions qu'ils ressentent de la même façon.

Ci-dessus
Alex a quatre-vingt-six ans, mais pour lui pas question d'abandonner cette vie de trappeur dans les montagnes. Il continue à prendre soin de son territoire en prélevant de façon intelligente quelques animaux dont il vend la fourrure ou l'échange contre le peu dont il a besoin pour vivre, car sa nourriture est cette relation qu'il entretient avec les paysages.

Ci-dessus
Alex est triste, car les jeunes ne veulent plus aller vivre dans les montagnes. Pourtant, il a créé une école pour les inciter à reprendre les territoires abandonnés. « Trop dur, pas assez rentable », répondent-ils. Mais alors, qui va prendre soin d'eux ? répète Alex le sage qui ne veut pas que les territoires qu'il aime se retrouvent « orphelins ».

VOULK, UN CHIEN EXCEPTIONNEL

C'est le patriarche, le vieux sage. Je voulais qu'il soit le leader de l'attelage de Norman. Une belle fin de carrière, car Voulk vit ses derniers tours de piste. Il a treize ans, et je sais que bientôt il ne sera plus là. Dans ses yeux dorés, pleins de songes, se lisent toutes les pages que nous avons écrites ensemble. Existe-t-il un chien qui en ait fait autant que lui ? Il a traversé le Grand Nord canadien avec Norman et moi, l'Alaska, la Laponie jusqu'en Russie, il a remonté les Rocheuses canadiennes depuis la Colombie-Britannique jusqu'à Dawson, bouclé la Yukon Quest, la course de traîneaux à chiens la plus dure du monde, de Whitehorse jusqu'à Fairbanks. Il a même traversé les Carpates roumaines, galopé sur les pistes du Jura ou des Alpes, traversé en tous sens le nord du Québec. Il est, avec Otchum, son père, un chien qui aura marqué ma vie, qui l'aura accompagnée durant treize ans d'aventures incroyables.

Il ne pouvait pas ne pas faire partie de cette équipe de sept chiens. Je ne pouvais pas lui refuser cette joie de m'accompagner encore dans cette aventure. Je sais que les prochaines se feront avec ses fils.

Ci-contre
Une grande partie du plaisir que Norman trouve à cette vie est sans aucun doute la complicité qui le lie à ses chiens, avec qui il partage la même passion d'aller au travers des paysages. Ici le vieux et exceptionnel Voulk.

PAR AMOUR, PAR AMITIÉ

Qui plus que lui possède la patience nécessaire aux prises de vues ?

Qui mieux que lui obéit aveuglément, confiant dans les ordres loufoques qu'exige le tournage de certaines scènes qui recréent des situations que n'importe quel chien évite ? Passer dans un trou d'eau, s'aventurer sur de la glace instable, s'engager dans une ravine définitivement trop abrupte, Voulk est capable de faire tout cela. Sa confiance est totale. Si je lui demande de le faire, il le fera. Par amour, par amitié, on appellera cela comme on voudra. Tous ceux qui l'ont approché sont unanimes : ce chien est exceptionnel. Nous n'aurions pas tourné le même film sans lui, car beaucoup de scènes n'auraient tout simplement pas pu être réalisées sans lui. Norman est tombé en amour avec lui, et Voulk lui a accordé sa confiance. Ce chien lui rappelle sans doute l'un de ceux qu'il a eus, et dont il parle avec un peu de nostalgie.

Voulk est sûr. Il anticipe les ordres et les exécute avec une précision qui permet, lui placé en tête, d'écrire son nom sur un lac immaculé !

Qu'il lui soit rendu un vibrant hommage dans ce livre et ce film n'est que justice.

Ci-contre
Voulk est un chien de tête exceptionnel avec lequel, entre autres, j'ai participé et terminé la Yukon Quest, et effectué la traversée intégrale du Grand Nord canadien. Il a eu un rôle déterminant dans certaines scènes difficiles de ce film.

Le blizzard

Les trappeurs sont parfois pris dans des tempêtes de neige effrayantes. Le blizzard est une tempête de neige puissance dix. On ne voit plus rien, ni devant, ni sur les côtés, ni derrière. C'est le « white out ». La neige soulevée du sol se mêle à celle qui tombe du ciel et tourbillonne en tous sens au gré du vent qui hurle. On ne sait plus où s'arrête le ciel, où commence la terre, il n'y a plus de limites tellement cette blancheur et ce souffle rageur occupent tout l'espace. Cette danse des éléments donne le tournis et on perd très vite ses repères. Quand il ne distingue même plus l'avant de son traîneau, Norman sait qu'il est inconscient de vouloir lutter contre les éléments en furie : la seule attitude raisonnable est de chercher un abri dans la forêt. Il faut savoir plier, laisser la tempête faire rage. Les chiens eux-mêmes courbent l'échine et portent la queue basse. Ils n'aiment pas ce vent qui s'engouffre dans leurs poils pourtant épais, dans leurs oreilles, dans leur truffe, et ils se recroquevillent. Un bon chien de tête peut reconnaître l'odeur d'une piste recouverte par la neige dans une tempête, mais il le fera contraint et forcé. En plus, le « white out » est aveuglant. Si l'on se trouve pris subitement dans un blizzard et que l'on tient compte du fait que le vent augmente le froid, le fameux « wind chill factor » (1 °C en moins par mètre-seconde de vent), la panique monte. Sur une rivière, on rejoindra au plus vite la rive pour se mettre à l'abri. Si l'on est pris au dépourvu, isolé au beau milieu d'un grand lac au cœur du blizzard, il est primordial de ne pas lâcher son traîneau. Avant toute chose, on s'y attache avec une corde autour de la taille qui permettra de se retrouver si l'on se perd à quelques mètres.

Double page suivante
Ça y est, les chiens ont vu la forêt vers laquelle Norman les dirigeait et s'élancent dans sa direction. Là, le trappeur s'arrêtera, montera sa tente et attendra que la tempête se calme.

Ci-contre
On appelle ça un blizzard ou un « white out » : le vent soulève la neige, qui se mêle à celle qui tombe du ciel. On peut y errer des heures. Il faut vite retrouver l'abri de la forêt, et Norman mène ses chiens qui ne veulent plus avancer, aveuglés.

NOYÉ DANS LE GRAND BLANC

Car on peut mourir ainsi au cœur d'une tempête. Norman m'a raconté qu'un coureur des bois, ayant réussi à monter sa tente, ne s'est plus méfié du blizzard et il est sorti le temps de se soulager... Il n'est jamais revenu. Quelques mètres ont suffi à le désorienter. Le lendemain, il était mort, gelé, à une dizaine de mètres de son abri. Donc, toujours être relié à son matériel avant de s'aventurer à faire un feu, monter un abri ou détacher les chiens. On peut ériger des petits murs avec des blocs de neige bien compacts pour les protéger un peu du vent. Au pis, les chiens creusent eux-mêmes un nid, se roulent en une boule parfaite, le nez dans les fesses, la queue venant recouvrir la tête, les pattes repliées sous le corps. La chaleur produite tourne en circuit fermé, sans déperdition. Les chiens se laissent recouvrir par la neige soufflée par le vent : isolation supplémentaire contre le froid.

Il n'est pas rare, après le blizzard, de ne plus du tout les apercevoir. C'est seulement au moment du départ que des monticules de neige s'ébrouent d'un coup, laissant apparaître un bout de fourrure crème ici, une truffe noire là. Des chiens nordiques peuvent ainsi supporter des températures de –60 °C pendant une nuit entière. Il faut davantage faire attention à ces températures extrêmes lorsqu'ils sont en mouvement, car l'inhalation d'air glacial et l'exposition de parties du corps plus fragiles telles que la langue, la truffe et les organes génitaux peuvent engendrer de sérieuses gelures.

Ci-contre
Dans un blizzard total, appelé aussi « white out », les chiens et l'homme perdent rapidement tout repère. Il faut regagner au plus vite l'abri de la forêt, à la condition que celle-ci ne soit pas trop éloignée.

POUR REMPLACER LES CHIENS

Dans une tempête de neige soudaine, seuls les chiens peuvent encore faire quelque chose, progresser dans cette « poudrerie ». Jamais une motoneige ne pourra se repérer, et encore moins un avion décoller. Loin d'être occasionnel, le blizzard peut durer plusieurs jours, et le trappeur reste alors bloqué. Néanmoins, l'arrivée des avions au début du xxe siècle, puis de la motoneige, a considérablement contribué à l'évolution des conditions de vie des trappeurs comme Norman dans le Grand Nord.

Les trappeurs indiens, inuits et blancs ont ainsi pu coloniser de nouveaux territoires éloignés de leur base, où ils se faisaient déposer en début de saison et reprendre à la fin de l'hiver. Cette façon de faire a suscité quelques excès, car les trappeurs, pouvant changer de territoire à chaque saison, « vidaient » celui qu'ils choisissaient pour l'hiver, arguant qu'il aurait ensuite de nombreuses années pour se refaire. Ils y prélevaient le maximum d'animaux sans se soucier de l'avenir. C'est à cette époque que, dans certaines régions, les populations de castors et de lynx notamment se sont mises à décliner si fortement que les premières mesures de protection de l'environnement, avec restriction des prélèvements et interdiction de trapper ici et là, ont été instaurées par les autorités. Une prise de conscience générale a suivi et induit un comportement plus responsable. À l'heure actuelle, la trappe est très contrôlée. Comme elle se fait sur un territoire donné sans possibilité d'aller une année ici et l'année suivante plus loin, les trappeurs n'entament pas le capital et se contentent des intérêts.

L'avion, ou plutôt l'hydravion, est utilisé par un grand nombre de trappeurs, qui se font déposer ce dont ils ont besoin pour la saison, notamment l'essence pour leur motoneige. Elle leur permet d'aller plus vite et plus loin qu'avec des chiens, que seul un nombre restreint conserve. Et elle a l'avantage d'être mise au garage à la fin de l'hiver.

Ci-contre
Apache, la jeune chienne placée en tête avec Voulk, apprend de lui le difficile mais passionnant métier de chien de tête. Elle commence à connaître les ordres de base : *djee* pour aller à droite, *yap* pour aller à gauche, *hooo* pour s'arrêter.

Double page suivante
Norman explique à Voulk qu'il faut tenir et lui faire confiance. Les mushers ont l'habitude de parler à leurs chiens, qui ne comprennent pas les mots mais le ton et savent l'interpréter, souvent beaucoup mieux qu'on ne le pense.

“Allez ma belle, il faut avancer. On doit y aller.

On doit le faire, tu entends ? Si tu ne bouges pas maintenant,

on va mourir. Si tu restes ici, tu vas mourir,

Apache, et on va tous crever dans cette tempête ! ”

Ci-dessus
La tente en toile, et son petit poêle à bois, est la tente traditionnelle des prospecteurs, des Indiens et des trappeurs. Celle que l'on retrouve sur toutes les photos qui évoquent la fameuse ruée vers l'or du Klondike.

Ci-dessus
Le soir, un grand feu dehors pour profiter du spectacle de la nuit, des aurores boréales dans le ciel alors qu'au loin les loups chantent et se répondent...

LA MOTONEIGE

Les chiens, eux, doivent être nourris même l'été. Ceux qui continuent à en posséder vivent près des rivières à saumons et ont l'autorisation de poser des « roues de pêche ». Il s'agit de quatre grands paniers montés comme les pales d'un moulin, entraînés par le courant. Les saumons butent contre les mailles des filets et se font ramasser par les paniers. Ils tombent ensuite dans une gouttière en bois qui les conduit dans un bac, où ils sont récupérés une ou deux fois par jour. Au plus fort de la remontée, on peut attraper jusqu'à trois cents saumons. Ils sont mis à sécher puis salés ou fumés. Ils serviront de nourriture aux chiens l'hiver. Ceux qui n'ont pas cette chance doivent se procurer de la viande ou du poisson par un autre moyen. Généralement, ceux-là se découragent et substituent à leur attelage une motoneige qui leur permet de sillonner plus rapidement leur territoire. Le jour où celle-ci tombera en panne à des dizaines de kilomètres de leur cabane, ils regretteront les chiens qui avançaient par tous les temps et leur apportaient une amitié que leur machine bruyante et malodorante ne remplacera jamais. Une complicité qui revêt toute son importance lorsque l'on part pour de longues semaines de trappe en solitaire au cœur de l'hiver.

Ci-cntre
Lorsque la neige est trop épaisse, Norman passe devant et, à l'aide de ses raquettes en bois au treillis de cuir de caribou tressé, il tasse un chemin dans lequel les chiens trouvent l'appui nécessaire pour tirer le traîneau.

FAIRE LA TRACE

Les chiens s'habituent vite à suivre un homme qui leur ouvre la trace. La première chose qu'il leur faut comprendre, c'est qu'ils ne doivent pas coller à lui, mais respecter une distance de quelques mètres afin de ne pas marcher sur l'arrière des raquettes. Les chiens de tête, qui doivent ouvrir la piste, fatiguent beaucoup plus vite que ceux qui suivent, et il convient de permuter assez souvent les leaders. De plus, quand il fait – 30 °C et davantage, la neige devient aussi abrasive que du sable. Les pattes des chiens de tête sont plus exposées que celles des chiens de queue d'attelage, puisqu'elles font le passage. Les coussinets, surtout en début de saison, sont sensibles. Il faut les enduire de graisse pour les protéger des crevasses et autres petites blessures. Si la piste n'a jamais été faite et que la couche de neige est importante, le trappeur marche en raquettes devant les chiens afin de la tasser suffisamment pour permettre à l'attelage d'avancer. Si la piste est simplement recouverte d'un peu de neige, il peut soit se mettre sur les patins du traîneau en marchant derrière de temps à autre pour aider les chiens, soit se placer immédiatement devant le traîneau, une jambe de chaque côté du trait, la main droite ou gauche enserrant ce que l'on appelle un « djebar » : une perche fixée sur un des deux montants horizontaux du traîneau et qui dépasse celui-ci de 1,50 mètre. Grâce à cette barre, le trappeur maintient le traîneau très exactement dans l'axe de la piste creusée dans la neige afin d'éviter qu'il ne vienne mordre sur les bords de la véritable tranchée que représentent certaines pistes.

Le trappeur fait une première fois la piste au début de l'hiver sur sa ou ses lignes de trappe. Ensuite, même après de fortes chutes de neige, toutes proportions gardées, il subsiste toujours un fond sur lequel les chiens peuvent s'appuyer, et il n'est pas nécessaire de tasser de nouveau la neige en raquettes.

Ci-contre
Dans ce type de neige, on ne progresse guère de plus de 20 kilomètres par jour. C'est pour cela que Norman recherche les zones de grands lacs et de plateaux, où le vent tasse la neige et où il n'a pas à ouvrir la piste en raquettes, comme ici.

POUR SE DÉPLACER… ET CHASSER

Par contre, si la couche est épaisse, l'homme marchera derrière le traîneau pour l'alléger et faciliter le travail des chiens. Sur les hauteurs, il peut en être tout autrement, car la piste qui a été creusée jusqu'à 60 centimètres de profondeur peut être entièrement comblée par de la neige portée par le vent. Alors, tout est à refaire.

Le trappeur utilise surtout ses raquettes pour chasser et aller depuis sa ligne de trappe jusqu'à ses pièges, qui sont parfois situés à quelques dizaines de mètres de la piste. À la chasse, les raquettes sont indispensables. En hiver, le trappeur peut chasser élans et caribous. La technique consiste alors à repérer des traces le plus fraîches possible et à les suivre jusqu'au bout, jusqu'à la dernière empreinte, celle dans laquelle le sabot se trouve encore. Pour le retour, la piste ainsi creusée et tassée aura eu le temps de geler. Les chiens pourront l'emprunter, et rapatrier la viande. À – 30 °C, il faut environ une heure pour que l'on puisse marcher et tenir sans s'enfoncer sur la croûte de neige tassée par une paire de raquettes. À – 50 °C, il faut à peine un quart d'heure. Les animaux sauvages, qui sont loin d'être stupides, utilisent les pistes que l'homme trace à travers les paysages, et le trappeur, qui le sait, y pose des pièges ou y tend des collets.

Double page suivante
L'obéissance au sein de l'attelage est essentielle à sa survie, et certains ordres doivent être suivis sans retard. Norman exige de ses chiens une discipline parfaite. Après le travail, c'est le temps des jeux et des câlins, essentiels eux aussi.

Ci-contre
La ligne de trappe de Norman est une piste de plus de 100 kilomètres qui effectue une large boucle dans son territoire et le long de laquelle il pose ses pièges. Régulièrement tassée par ses passages répétés, elle permet d'aller vite d'un piège à l'autre.

le printemps

Le retour des beaux jours

Norman ne trappe pas en mars, car les animaux commencent leur mue, perdent leurs poils d'hiver, et la période de reproduction approche. Mais la débâcle ne se fait pas en une journée. Ce n'est pas avant le milieu du printemps que les températures hivernales lâchent prise et libèrent l'eau retenue prisonnière durant de longs mois. Avant que la douceur n'influe sur la glace, l'épaisse couche de neige se transforme au gré des variations de température. Dans la journée, sous le soleil, la neige fond en surface, puis, la nuit venue, gèle de nouveau en raison des températures encore négatives.

À condition de partir très tôt le matin, on avance rapidement et loin sur cette croûte gelée qui supporte le poids des chiens et du traîneau. C'est une période bénie, car Norman peut aller absolument partout, même dans le fond des petites vallées dans lesquelles, l'hiver, on se noie dans la neige profonde. Le reste de la journée, il finit de préparer ses peaux avant de partir les vendre. Enlever toute la viande et la graisse à l'aide d'un racloir, travail minutieux qui incombe en grande partie à Nebraska, demande beaucoup de temps.

Le printemps, c'est aussi le temps des naissances, mais les chiennes peuvent également faire une portée en automne : deux possibilités, donc deux points de vue. Certains mushers affirment que les chiots nés en hiver sont plus résistants car habitués d'emblée aux conditions difficiles. Au contraire, d'autres pensent que les chiots nés à la belle saison se développent mieux dans un environnement clément. Norman préfère les chiots du printemps, car leur croissance en est facilitée et, surtout, leur dressage peut commencer à la fin de l'automne, à un moment clé de l'éducation, vers six mois.

Pages 342-343
Les cris des oiseaux migrateurs : oies, grues et autres anatidés célèbrent le retour du printemps. Après le grand silence de l'hiver, ces cris réchauffent le cœur, et dans les villages, tout le monde lève la tête et crie à l'unisson.

Double page précédente
Pas de temps à perdre, dès que les fleuves se sont libérés des glaces, Norman et Nebraska s'installent au bord du Yukon pour préparer la période de pêche des saumons.

Ci-contre
Ce printemps-ci sera marqué par la naissance des chiots que Voulk et Apache ont faits ensemble durant la nuit qui a précédé le blizzard. Dès l'automne, Norman et Nebraska commenceront leur dressage.

LES CHIOTS D'HIVER

En revanche, les chiens qui naissent en hiver, trop jeunes, ne profitent pas de la saison froide pour se familiariser avec le trait et immobilisent leur mère, qui les allaite. C'est sans importance pour les mushers qui possèdent plusieurs attelages ou ceux qui font de la sélection et de l'élevage, mais Norman n'a qu'une seule meute.

Il lui est arrivé de se faire surprendre. Une chienne s'était fait saillir à l'automne sans qu'il sache exactement quand. Il l'avait quand même emmenée avec lui pour la saison de trappe. La chienne avait mis bas durant l'hiver, seulement deux petits, un mâle et une femelle. La première semaine, elle avait voyagé avec ses deux chiots à l'arrière du traîneau durant la journée et, la nuit, Norman l'installait à l'écart de la meute avec sa progéniture. Tout s'était bien passé, l'hiver n'était pas trop rigoureux et le nombre de petits limité, mais les autres chiens devaient tirer plus de poids, même si au bout de huit jours, la chienne essayait tant de sauter du traîneau pour reprendre du service entre deux tétées que Norman avait dû céder sous peine de voir tout le chargement de son traîneau sens dessus dessous ! Elle n'était pas mauvaise mère pour autant. Ses petits pelotonnés à l'arrière du traîneau sous les peaux étaient bien au chaud, confiés en toute quiétude à la surveillance de Norman. Leurs gémissements lui faisaient tourner la tête quand elle était dans les traits, et les nombreuses haltes pour calmer leur faim étaient parfois contraignantes. Alors que dans la journée, elle se comportait de manière très amicale avec les autres chiens, le soir venu, aucun ne pouvait approcher de sa progéniture.

Ci-contre
Il est très important pour des jeunes chiens d'être beaucoup manipulés. Ils se socialisent d'autant mieux si on partage les jeux avec eux.

Ci-dessus
La période de pêche au saumon au bord du Yukon est une période bénie. Partout, la nature explose sous le chant des oiseaux. On entend le « floc » des saumons qui gobent les insectes à la surface du fleuve. Norman et Nebraska se laissent aller à leur joie de vivre.

Ci-dessus
Les jeux sont essentiels à l'éducation des jeunes chiens, qui commencent à se tester et cherchent à s'imposer hiérarchiquement. Très tôt, on devine l'émergence des caractères des uns et des autres, on repère les dominants, les malins, les courageux...

Double page suivante
Pour devenir de bons chiens de traîneau, les chiots doivent être le plus possible en contact avec l'homme afin de se sociabiliser au maximum. Nebraska passe du temps à jouer avec eux.

La pêche

Le long des rives du fleuve Yukon, des tentes dressées çà et là délimitent les camps saisonniers d'Indiens, qui résonnent du rire des enfants et des aboiements des chiens au-dessus du brouhaha de l'eau. Partout, des rangées entières de saumons sèchent, suspendus à des sortes de râteliers, dans la chaleur du soleil et la fumée des feux.

Tout comme ces natifs qui perpétuent la tradition et continuent à vivre de ce poisson, Norman se consacre à la pêche au saumon lors de la période de frai. La remontée annuelle de plusieurs millions de saumons a permis le développement de plusieurs cultures indiennes dont la subsistance était directement liée à cet animal. En quelques semaines, Norman fera ainsi provision de poissons pour plusieurs mois, tant pour les chiens que pour Nebraska et lui. Fumés et séchés, les filets se conservent très bien.

Les cinq espèces de saumon du Pacifique fraient dans les eaux de l'Alaska et du Yukon. Après l'éclosion des œufs en eau douce, s'opèrent des changements physiologiques qui leur permettent de vivre en eau salée. Les jeunes saumons migrent vers l'Océan, où ils grandiront. On ne connaît pas grand-chose de leur vie en mer, mais on sait qu'après une à cinq années d'errance sur plusieurs centaines de kilomètres, les saumons matures retrouvent le chemin de leurs eaux natales afin de s'y reproduire, puis d'y mourir. Il semblerait que leur odorat soit à l'origine de leur extraordinaire aptitude à s'orienter.

Mais la route est longue et semée d'embûches. Entre le jeûne, les prédateurs et l'épuisement, à peine le tiers d'entre eux arrivent à destination. Les humains ne sont pas les seuls bénéficiaires du saumon. Au printemps, ces poissons représentent une proie facile pour les ours comme pour les aigles.

Lorsqu'ils sont morts, les ciseaux et autres animaux charognards se nourrissent de leurs cadavres. Enfin, leurs restes, en se décomposant, enrichissent la terre.

Double page précédente
Dans les montagnes d'altitude, et avant le grand blanc qui uniformisera le paysage, c'est une féerie de couleurs que subliment des lumières rares et sans cesse changeantes.

Ci-contre
Les saumons sont vidés, coupés en deux, puis la chair est tailladée au couteau afin de faciliter son séchage. Ensuite les poissons sont fumés et salés, puis stockés.

Ci-dessus
Les saumons, pour être conservés, doivent être entaillés, séchés et fumés aussitôt afin d'assurer leur bonne conservation.

Ci-dessus
Pour les chiots, c'est une période bénie. Ils vont et viennent de l'un à l'autre, se gavent de saumon, se baignent, jouent et se prélassent au soleil toute la journée...

Double page suivante
À l'âge d'un mois, les chiots commencent à prendre leur indépendance et partent seuls à la découverte du monde. Tout est sujet à émerveillement, étonnement et jeu.

LE SAUMON, UN ENJEU ÉCOLOGIQUE

Ce bel exemple d'équilibre risque d'être profondément bouleversé, entraînant des conséquences dramatiques pour tout l'écosystème. Jusqu'à aujourd'hui, le saumon d'Alaska se portait bien grâce à l'absence de barrages, de sur-développement et d'un prélèvement raisonné. Une loi interdit – pour combien de temps encore ? – l'exploitation du bois dans un certain périmètre autour des rivières. Actuellement, aux États-Unis, le puissant lobby des compagnies forestières exerce une énorme pression sur les politiques pour faire abroger cette loi et ils réussissent. L'Alaska, État américain situé au nord-ouest du Canada, est bien sûr concerné, et toute décision américaine aura des répercussions au Canada.

Malheureusement, les décisions des gouvernements, concernant les problèmes liés à l'environnement, ne s'arrêtent pas aux frontières. Les spécialistes s'accordent à dire que modifier la forêt autour de ces rivières engendre, avec l'écoulement des eaux, une modification du pH, de la composition chimique de l'eau et aussi de sa température. Autant de facteurs déterminants qui permettent au saumon de s'orienter pour retrouver ses eaux natales. Dans un premier temps, changer l'eau des rivières revient à condamner les frayères des salmonidés. S'ensuit une réaction en chaîne sur toute la faune et la flore des régions touchées, due aux modifications de l'environnement et à la baisse sensible de la population des saumons. Norman comme trappeur mais aussi les Indiens et tous les mushers comptent essentiellement sur le saumon, excellente source de protéines, pour nourrir leurs chiens de traîneau. Le coût de la nourriture étant le problème numéro un pour tous ceux qui s'évertuent à garder leurs chiens, on imagine sans peine les conséquences qu'une telle décision pourrait avoir sur l'avenir du chien de traîneau…

LE RENOUVEAU

Dans les rivières, l'eau chante le renouveau. À l'écoute de ce refrain printanier, la nature sort de son état d'hibernation et explose littéralement sous les rayons du soleil et le ruissellement de l'eau. Plus on va vers le nord, plus la saison chaude est courte. Norman préfère ainsi la taïga à la toundra, dont le paysage désertique le remplit d'admiration pour les peuples inuits qui s'en accommodaient pour survivre. Norman est un homme de la forêt. La taïga n'a plus beaucoup de secret pour lui et, s'il est plutôt d'un naturel réservé et peu bavard, il s'anime quand il évoque les formidables ressources de la faune et de la flore pour s'adapter dans les milieux difficiles, à l'image de tous ces peuples du Grand Nord qui ont développé au cours des siècles des trésors d'ingéniosité et de savoir-faire parfois toujours inégalés ! Il suffit d'évoquer l'impossibilité, sans bois, de faire un feu et de se chauffer pour les Inuits, qui s'éclairaient simplement d'une mèche trempée dans de la graisse de phoque et qui ne mangeaient que de la viande crue ! De rappeler le formidable usage de toutes les parties du corps d'un animal tué à la chasse.

Ci-contre
Certains, qui se rendent pour la première fois dans le Grand Nord, achètent de grandes quantités d'eau pour un périple en canoë sur une rivière dont l'eau, pure et cristalline, est la plus potable et la meilleure qu'on puisse imaginer ! Mais pour combien de temps ? Car, comme chacun sait, l'atmosphère est polluée et bientôt de façon irréversible. Devant ce manque total de prise de conscience, Norman et Nicolas ont envie de hurler leur colère. Ce film les aidera peut-être à dire combien il est urgent de réagir.

COMMUNIER AVEC LA NATURE

Ces peuples récupéraient la viande pour se nourrir, la graisse pour s'éclairer, les tendons pour faire du fil à coudre, les os pour fabriquer des outils et ustensiles, la fourrure pour se vêtir, les intestins une fois lavés et séchés comme matériau fin et imperméable pour confectionner sacs et vêtements… Et ces arbres dont les racines poussent à l'horizontale pour pomper le maximum de l'humidité dont se gorge la portion de terre qui dégèle quelques mois par an, quelle étonnante capacité d'adaptation !

Norman aussi a le sentiment d'être intégré, d'être à sa place ici, dans le bush. De cette communion avec la nature, il accepte de dévoiler certains aspects qui peuvent aider à en comprendre le sens. Comme une part de lui-même, l'intimité qu'il partage avec la nature est évoquée avec pudeur. Toujours avec infiniment de retenue, il célèbre cette mère nourricière, cette terre rongée par une gangrène humaine. C'est pour cette unique raison qu'il a accepté de livrer une parcelle de sa vie dans le Nord, certainement pas pour se mettre en valeur, lui qui se définit comme un homme simple, au sens noble du terme, avec cette conscience du côté fragile et éphémère de la vie sur Terre qui le préserve de toute prétention. Il a depuis bien longtemps compris la première leçon de vie du Grand Nord : l'humilité.

Ci-contre
Le crépuscule est l'heure où la nature se met à bruire de mille sons avant de s'éteindre. Alors le huard s'y mettra avec, au loin, le jappement d'un renard en chasse et peut-être le chant d'un loup à la recherche de sa meute.

Ci-dessus
Les chiens courent librement autour du campement d'été. Ils vont et viennent au gré de leurs envies, allant ici et là chasser les oies malhabiles ou faire une sieste à l'ombre des grands pins avant d'aller se rafraîchir et nager avec les saumons dans les eaux claires du Yukon.

Ci-dessus
Afin de varier un peu le quotidien essentiellement composé de saumons, Norman tente de pêcher des ombles, des brochets et des truites, qui mordent plus facilement à l'aube et au crépuscule. Un moment de communion de plus avec une nature qui lui ressemble.

le making-of

L'ÉQUIPE

En haut
L'été, le jour dure 16 heures. Les plus belles sont le crépuscule et l'aube, l'équipe accumule donc de grosses journées de travail.

En bas
À gauche, Thierry Machado, chef opérateur, avec Philippe, mon plus proche complice. Il a apporté au film la lumière de sa sensibilité et de sa critique pertinente.

Ci-dessous
Philippe Baisadouli, premier assistant. Il est habitué à ce type de tournage. Il a notamment collaboré à plusieurs films comme *Le Peuple migrateur*. Il a été l'un des maillons forts de cette équipe formidable.

Ci-dessous
Avant le « moteur », toute l'équipe s'affaire pour monter au plus vite les travellings mais, pendant la scène, la plus grande immobilité et le plus grand silence sont exigés, non seulement pour le son mais aussi pour obtenir le meilleur des animaux.

Ci-dessous et à droite
L'équipe, presque au complet, qui s'est donné sans compter pendant plus d'un an et demi pour réaliser ce film dans des conditions extrêmes. On aperçoit notamment Vincent Steiger, régisseur général. Il était assisté par une équipe maîtrisant le Grand Nord, dont Pierre Michaut et Didier Langou.

Ci-contre
Stéphane Paillard, premier assistant opérateur. D'un professionnalisme incroyable, Stéphane aura été l'un des grands artisans de ce film tourné dans des conditions particulièrement rudes pour lui qui devait veiller à la bonne marche des caméras, quelles que soient les conditions climatiques.

LES MOYENS TECHNIQUES

Ci-dessous
J'avais une idée précise du plan que je voulais pour quitter Norman et le film mais aucune des moyens techniques à mettre en œuvre pour le réaliser. Comme toujours, ce sont Sylvain et Thierry qui ont trouvé les combines et ont rendu possible le plan pour lequel nous nous lèverons tous les jours et pendant plus d'une semaine à 4 heures du matin...

En haut
L'hélicoptère, pour transporter dans des endroits impossibles quelques tonnes de matériel, mais aussi et surtout pour aller chasser les images vues du ciel qui rendent bien compte de l'infini des paysages féeriques et de la petitesse de celui qui les traverse.

En bas
Des jours dans l'eau glaciale pour les plans sous-marins.

Ci-dessous
Il faudra une vingtaine de truites, lâchées par Patrick Marchand (ici à droite) en charge des images sous-marines, pour enfin réaliser le plan parfait, qui sera perdu par le transporteur en charge de l'acheminement des pellicules vers l'Allemagne.

Ci-dessous
C'est presque toujours dans la nuit et à la lueur des lampes frontales que l'équipe installe le plateau afin que nous soyons prêts à tourner à l'aube, quand les lumières sont les plus belles.

De haut en bas
Des milliers de kilomètres en motoneige pour transporter et ravitailler l'équipe sur des lieux de tournage parfois très éloignés. Et une autre belle victoire de l'équipe image que d'avoir réussi à mettre au point des systèmes permettant de tourner à des températures en deçà de - 40 °C, quand normalement tout s'arrête.

LES DIFFICULTÉS

En haut
Même à - 50 °C, ni Thierry, ni Norman n'hésitent à se jeter à l'eau pour reconstituer une scène où Norman passe avec ses chiens au travers de la glace.

En bas
Des jours de préparation pour ce plan-séquence de Norman passant des chutes impressionnantes avec, en arrière-plan, un ours qui pêche des saumons.

Ci-dessous
Si, en hiver, les déplacements sont facilités par la neige et la glace sur lesquelles on peut aller partout en motoneige, il en est tout autrement l'été. Il faut alors porter le matériel à dos d'homme.

Ci-dessous
Un impressionnant ours de près de trois mètres de haut pesant huit cents kilos afin de réaliser une séquence reconstituant ce qui est arrivé plusieurs fois à Norman au cours de sa vie de trappeur : le dangereux face à face avec un grizzly.

Ci-dessus
Dans le blizzard, le vent rend le froid insupportable mais il faut pourtant tourner et retourner indéfiniment et jusqu'à ce que la prise soit bonne les différents plans prévus dans la séquence. Ce sont encore les chiens qui supportent le mieux l'épreuve tant ils sont adaptés à cet environnement.

En haut à droite
Sylvain Bardoux, chef machiniste. Le roi de la combine et des plans tordus. Jamais vaincu, il ne dit pas « ça ne va pas être possible de faire ce plan », mais « qu'est-ce que je vais inventer pour le rendre possible ».

En bas
Emmanuel Hachette qui était en charge du son. Au retour et à l'écoute des bandes, nos coproducteurs canadiens chargés de la post-production seront très impressionnés par la quantité et la richesse des sons enregistrés sur place, ce qui permettra d'offrir au film une bande sonore naturelle d'une exceptionnelle qualité.

INVITATION AU VOYAGE AU PAYS DU DERNIER TRAPPEUR

Pour ceux qui sont tentés par une initiation au Grand Nord, l'été en canoë et l'hiver avec des chiens de traîneau, dans des décors exceptionnels, Nicolas Vanier et son complice d'expédition Alain Brenichot disposent d'une infrastructure au Québec : le camp des Écorces, au bord du lac Coté, où ils reçoivent des petits groupes de quatre à six personnes dans le secteur absolument féerique des montagnes Peribronka. Pour tous renseignements, contactez l'agence DHD Laika à Paris (tél. : 01 42 89 32 64) ou le site www.nicolasvanier.com

CRÉDITS PHOTOGRAPHIQUES

Toutes les photos présentes dans ce livre sont d'Éric Travers (Gamma), à l'exception de celles des pages dont les numéros suivent, prises par Nicolas Vanier : pp. 2-3, 4-5, 6-7, 18-19, 20-21, 24, 26-27, 28-29, 35, 37, 38,40-41, 44-45, 52, 59, 62-63, 72-73, 74-75, 78-79, 80, 84-85, 87g, 92, 95, 96, 101, 106-107, 108-109, 114-115, 122-123, 124-125, 130-131, 137, 138-139, 142-143, 144-145, 146, 153, 158, 160-161, 163, 164, 166-167, 170, 171, 172-173, 174-175, 176-177, 182-183, 186, 188-189, 191, 192, 194-195, 198-199, 200-201, 204-205, 212-213, 214-215, 216-217, 219, 220, 221, 222-223, 224-225, 226-227, 231, 234-235, 236-237, 238, 240-241, 242-243, 248-249, 250-251, 252-253, 254-255, 257, 260-261, 266-267, 270, 272-273, 280-281, 283, 286-287, 289, 292-293, 296-297, 298-299, 304-305, 306-307, 308-309, 310, 312, 314-315, 317, 321, 324-325, 326, 328-329, 330, 332, 334, 338-339, 344-345, 347, 348, 350, 351, 352, 354-355, 357, 358, 359, 360-361, 366-367, 368, 369, 370-371.

REMERCIEMENTS

Le Dernier Trappeur est un film parrainé par Gaz de France

Le film est aussi soutenu par Geologic, Pédigree et le WWF. Depuis plus de 40 ans, le WWF se mobilise pour stopper, puis inverser le processus de dégradation de la planète, et ainsi construire un avenir dans lequel l'homme vivra en harmonie avec la nature. site internet :www.wwf.fr

Responsable éditoriale : Blandine Houdart
Responsable artistique : Nancy Dorking
Création graphique et mise en page : Lucrezia Russo / Quartopiano

Photogravure : Sele Offset
Achevé d'imprimer en Italie par Editoriale Lloyd à Trieste
Dépôt légal : 66766, décembre 2005
ISBN : 2842776380
34/1800/1-02